UN PROGRAMMA DI LOTTA ALLE CAUSE DELL'IMMIGRAZIONE CLANDESTINA

Aiutare le comunità africane a diventare più forti e a prendere decisioni sul proprio sviluppo e di influenzare il proprio destino

1 SOMMARIO

2 PRESENTAZIONE

Il Programma di Gestione Comunitaria (PGC) è una strategia globale per la lotta alla povertà e per il rafforzamento delle comunità africane facente parte del Programma Back Home Investment(BHI) dell' AFRICAN PLAN®.

In Africa, la strategia è stata adattata al contesto ambientale, alcune parti di questa sono quindi diverse dai programmi gemelli realizzati in altre aree dell'Africa. I principi e la metodologia restano comunque gli stessi nei diversi paesi di applicazione.

2.1 I TRE ELEMENTI PRINCIPALI DELLE STRATEGIA

I tre elementi principali della strategia BHI sono:

- A: Partecipazione comunitaria;
- B: Gestione comunitaria;
- C: Condizioni favorevoli.

Questi tre elementi devono integrarsi l'un l'altro ed essere interdipendenti.

2.2 MODIFICHE ALLA STRATEGIA

Il rafforzamento di comunità africane a basso reddito non è un impresa facile. All'interno dello stesso stato e da un Paese all'altro, le comunità cambiano di dimensione, complessità, organizzazione economica, politica e sociale, così come variano l'ambiente e le tecnologie a disposizione.

Per rispondere a questi cambiamenti, la strategia (con i suoi tre elementi principali) deve essere flessibile alle peculiarità di ogni comunità africana. Essa deve considerare le condizioni particolari e adattarsi alle necessità della nuova situazione.

2.3 CAPITOLI DISPONIBILI SU QUESTO DOCUMENTO

La Strategia nel complesso (50 pagine) offre una panoramica generale della strategia, per lo più in forma schematica.

La Strategia in dettaglio (57 pagine) dove viene preso in considerazione ogni singolo aspetto, le sue relazioni con altri elementi e con la strategia in generale. Vengono analizzati i dettagli, mostrato il quadro logico e gli strumenti di attuazione della strategia.

3 GENERAZIONE DEL REDDITO, RICCHEZZA E POVERTÀ IN AFRICA

Questo documento si rivolge al formatore e al facilitatore per la formazione iniziale o per un aggiornamento degli operatori di comunità e riguarda i principi alla base delle abilità, delle tecniche e dei metodi illustrati negli altri documenti presenti in questo documento.

I formatori e i facilitatori impegnati nella lotta alla povertà in Africa devono conoscere i principi che ispirano le tecniche e le azioni che consentono di svolgere questo importante compito. Imparerete a attaccare le cause della povertà, non i suoi sintomi.

Imparerete che il vero nemico è la povertà, non i poveri. Imparerete che per eliminare la povertà bisogna creare ricchezza. Limitarsi a trasferire denaro (o macchine da cucire) da una parte all'altra è un rimedio solo temporaneo. Imparerete che la povertà è un problema sociale e che assistere singoli individui è un compito diverso rispetto al fornire soluzioni durature a un problema sociale.

Voi avrete un gruppo di 'clienti' e interverrete nelle loro vite. E' un compito di grande responsabilità. Se non comprendete i fattori economici e sociali e le ripercussioni della vostra attività, rischiate di procurare più danni che benefici. Ricordate il primo giuramento dei medici: "Non danneggerò deliberatamente nessuno". Fate che sia anche il vostro principio guida.

Il nostro obiettivo di lungo periodo è lo sradicamento della povertà in Africa. Ma quali sono le cause della povertà?

Non basta alleviare temporaneamente i disagi provocati dalla povertà per eliminarla. Questi sono solo sintomi. Ed ecco il primo rischio: se vi limitate ad alleviare i sintomi, erigerete barriere all'eliminazione della povertà. Fare l'elemosina a una persona riduce il suo disagio nel breve termine ma induce quella persona a dipendere dall'elemosina.

Dobbiamo identificare le cause della povertà e contrastare quelle potenti forze negative. Imparate quali sono le cinque grandi cause del problema sociale della povertà e insegnate ai vostri alunni che la povertà può essere eliminata solo se si eliminano le cinque grandi cause della povertà.

Dobbiamo trovare metodi per creare vera ricchezza in Africa come parte di un processo di crescita sostenibile. La parola 'ricchezza' non significa solo abbondanza di denaro e persone potenti ma significa tutto ciò che ha un valore, anche se piccolo, a cui il denaro dà una misura. E' l'opposto della povertà, è il valore che sta dietro il denaro.

Se dobbiamo sconfiggere la povertà in Africa, allora dobbiamo conoscere molto su di essa (non solo sui suoi sintomi) e sulla ricchezza.

3.1 ASSUNTI DA ABBANDONARE

Innanzitutto dobbiamo abbandonare alcune comuni assunzioni. La povertà non è solo la mancanza di denaro. La ricchezza non è solo il possesso di denaro. La povertà e la ricchezza vanno ben oltre la mancanza o la disponibilità di denaro.

Il denaro può talvolta essere usato come una misura della ricchezza, come un modo per accumulare ricchezza, ed è un utile mezzo di scambio della ricchezza. Ma il denaro non è la ricchezza e la natura della povertà è molto più interessante e complessa della semplice mancanza di denaro.

Tenete in mente che questo la nostra formation non ha tanto l'obiettivo di insegnarvi delle tecniche quanto di stimolarvi a analizzare le cause della povertà e a conoscere i principi delle tecniche che imparerete leggendo gli altri documenti di questa serie.

Il denaro è uno strumento potente. Il denaro può essere impiegato per combattere la povertà e generare ricchezza. Il denaro in sè, tuttavia, non elimina la povertà. Il trasferimento del denaro da una persona all'altra è solo un passaggio di mezzi e non risolve il problema sociale della povertà.

Tre fattori contribuiscono alla riduzione della povertà:

- la comprensione dei principi e dei concetti alla base della povertà,
- alcune capacità di formazione, facilitazione e organizzazione e

- caratteristiche individuali quali l'integrità, la motivazione e la creatività. Questo documento si focalizza sul primo di questi fattori.

3.2 CHE COS'È VERAMENTE LA RICCHEZZA?

Se denaro non significa ricchezza e dare soldi non elimina la povertà, allora che cos'è la ricchezza e come può contribuire alla lotta alla povertà in Africa?

Non possiamo produrre denaro dal nulla. Se introducessimo altro denaro nell'economia (per esempio stampando banconote) contribuiremmo a far crescere l'inflazione e a ridurre il valore del denaro. Quando c'è inflazione i prezzi salgono. Non possiamo semplicemente dare denaro ai poveri. Se ci limitassimo a trasferire somme di denaro dai ricchi ai poveri (donazioni, elemosina), non creeremmo nuova ricchezza e non attaccheremmo le radici della povertà.

E' perciò innanzitutto importante comprendere la natura della ricchezza. Che cos'è?

Facendo riferimento alla definizione che gli economisti danno della 'ricchezza', vedremo meglio come possa essere utilizzata nella lotta contro la povertà. Gli economisti parlano del valore di 'beni e servizi'. I beni hanno un valore nella misura in cui forniscono servizi. Il concetto chiave qui è valore. Una cosa ha un valore relativo in funzione di due caratteristiche:

- se ha un'utilità relativa
- se è relativamente scarso.

La ricchezza viene prodotta (e il reddito viene generato) nella forma di valore aggiunto. Questo può accadere quando un membro della comunità, un praticante o un cliente prende una cosa che ha già un valore e svolge delle azioni su di essa aumentandone ulteriormente il valore. Il nuovo valore è la ricchezza generata.

Chi di noi si è trovato qualche volta senza soldi sa cos'è la povertà. Ma la povertà individuale, che può essere ridotta con il denaro, è diversa dal problema sociale della povertà, che è un problema dell'economia e di un'intera società. Il problema sociale della povertà è la mancanza di ricchezza, non la mancanza di denaro. Per le persone con basso reddito la povertà è anche il risultato della distribuzione della ricchezza nella società. Se ci si limita a introdurre altro denaro nel sistema, si produce inflazione ma non si contribuisce a ridurre la povertà. La povertà come problema sociale non si combatte dando denaro ma creando ricchezza. E' nel vostro compito di facilitatori aiutare le persone povere a impiegare metodi di generazione di ricchezza.

Possiamo fare tre cose con la ricchezza:

- spenderla,
- immagazzinarla e
- investirla.

Per spiegare questo concetto, prendiamo ad esempio il caso di una contadina africana. Parliamo di una 'contadina' perchè sono in maggior parte le donne che lavorano nei campi ma naturalmente non intendiamo discriminare o trascurare gli uomini. Supponiamo che la nostra contadina abbia appena terminato un raccolto di mais. Ora può decidere di :

- consumarlo,
- immagazzinarlo o
- investirlo.

La contadina può cuocere e mangiare il mais con la famiglia, cioè (1) consumarlo. Oppure la contadina può riporre il mais in un contenitore, cioè (2) immagazzinarlo. Se i parassiti distruggono in parte o in tutto la scorta di mais si tratterà di una forma indesiderata di consumo. La contadina può infine mettere da parte dei chicchi di mais e usarli come semi da piantare per fare crescere un nuovo campo di pannocchie. Questo significa (3) investire in ricchezza il mais (che è relativamente utile e scarso). Solo questo terzo comportamento genera ricchezza.

Il modo per aumentare la ricchezza in un sistema economico è quindi investire. Bisogna trattenersi dal consumare nel breve termine per aumentare la produzione della ricchezza in futuro. Il nostro mondo è complesso, non basta limitarsi a fare una delle tre scelte. Il principio però non cambia. Investire conduce all'incremento della ricchezza e alla lotta alla povertà.

Questo è un principio importante nel modello di generazione del reddito ed è importante che lo comprendiate bene prima di incominciare il vostro lavoro.

3.3 LA POVERTÀ È UN PROBLEMA SOCIALE

Quali sono le cause della povertà? (La povertà come problema sociale).

La mancanza di denaro è una misura e un sintomo della povertà. Misurare la povertà o trattare il sintomo non cura la malattia. Le cause della povertà come problema sociale sono legate a numerosi fattori, tra i quali troviamo le grandi cause della povertà:

- malattia,
- ignoranza,
- disonestà,
- apatia e
- dipendenza.

Le malattie causano la diminuzione della produttività dei lavoratori. Malattia e morte sono uno dei fattori alla base della riduzione della quantità di lavoro umano disponibile. Il tasso di malattia può essere ridotto con la prevenzione sanitaria. La ricchezza collettiva può essere usata per prevenire le malattie, evitando che invece venga distolta per il beneficio personale di alcuni.

Le cause della povertà sono interconnesse: disonestà e ignoranza contribuiscono alla malattia e tutte e tre contribuiscono alla povertà.

L'ignoranza, come abbiamo già detto altrove, non è nulla di cui ci si debba vergognare. E' un fatto causato dall'isolamento. Alcune persone non conoscono delle cose semplicemente perchè non ne hanno mai sentito parlare (mancanza di informazione). Altri fattori della povertà che contribuiscono all'ignoranza sono la malattia e la disonestà. Entrambi sono alla base di una ridotta disponibilità di istruzione e di informazione.

La disonestà invece è una delle principali cause della povertà come problema sociale. Quando una persona in una posizione fiduciaria utilizza beni di valore per uso personale, la società nel suo insieme perde la possibilità di utilizzare un valore ben superiore, quello che invece potrebbe contribuire allo sviluppo e alla riduzione della povertà. Questo riguarda quello che gli economisti chiamano 'effetto moltiplicatore'. La disonestà si diffonde dove c'è un clima di apatia, ignoranza e dipendenza. Questo è un altro esempio di quanto siano interconnessi tra loro i fattori della povertà.

Notate che questo non è un giudizio di valore. Non stiamo sostenendo che disonestà, ignoranza e apatia siano un male. Insegnare che cosa è bene e che cosa è male è il compito delle autorità religiose, non il nostro. Questa è solo un'analisi scientifica (tratta dalle scienze sociali) delle cause della povertà.

Per combattere il problema sociale della povertà (se questa è la decisione presa) occorre identificarne e analizzarne le cause.

Tra gli altri fattori alla base della povertà troviamo l'assenza del mercato, la mancanza di istituzioni a sostegno dello sviluppo, la corruzione e la carenza di infrastrutture. Questi fattori sono a loro volta legati alle cinque grandi cause della povertà:

- apatia,
- malattia,
- disonestà,
- dipendenza e
- ignoranza.

La povertà, così come la ricchezza, si manifesta in forme diverse legate alla proprietà. Una è per esempio la mancanza di strutture e servizi collettivi di proprietà pubblica. Stiamo parlando per esempio della indisponibilità di strutture e servizi sanitari e di istruzione, della carenza di infrastrutture quali le strade, le aree dedicate al commercio, le linee elettriche e telefoniche, le strutture igieniche e sanitarie, l'acqua potabile e le scorte alimentari. Queste sono risorse pubbliche, non individuali. La povertà individuale si manifesta in salari troppo bassi o inesistenti, nella assenza di proprietà, quale ad esempio i terreni, nella mancanza di capitali privati (attrezzature, immobili, fabbriche) e nella mancanza di capacità e conoscenze.

Questa metodologia pone l'accento sulla formazione di capitale privato e sulla riduzione della povertà incoraggiando il ricorso alla micro-impresa.

3.4 Perchè serve investire

Questo metodo si propone di stimolare, a partire dal livello iniziale, l'investimento privato che, se mette radici e cresce, contribuisce alla creazione della ricchezza nella società e allo sradicamento della povertà.

Come formatori, dovete conoscere il significato d'investimento e il suo ruolo nella lotta alla povertà e nella creazione di ricchezza (generazione di reddito).

La ricchezza esistente può essere impiegata per il consumo o per l'investimento. Il mais che viene cucinato e mangiato è un esempio di bene di consumo. Un aratro che viene usato per preparare il terreno per la semina è un bene di investimento, è capitale. Il capitale non viene direttamente consumato ma può contribuire a incrementare la ricchezza. Investire significa usare la ricchezza per la produzione di capitale che viene impiegato per aumentare la ricchezza nella comunità e nella società.

Quando avviate questo modello di generazione del reddito, sostenete gli imprenditori a basso reddito in Africa a trasformare la ricchezza destinata al consumo in ricchezza destinata all'investimento e quindi all'incremento della ricchezza stessa e alla riduzione della povertà. Le attività produttive su piccola scala, e soprattutto quelle che riguardano la prima trasformazione dei prodotti agricoli, sono quelle che gli imprenditori individuali possono più facilmente condurre anche da soli. Queste attività sono molto necessarie e si ritiene siano anche davvero efficaci per ridurre la povertà su larga scala.

Il vostro lavoro in quanto animatori è di sostenere le persone a basso reddito, e soprattutto le donne (ma anche i giovani disoccupati, le persone inabili o più vulnerabili), a diventare generatori di ricchezza svolgendo per esempio attività di prima trasformazione di prodotti dell'agricoltura locale.

Nel lavoro in comunità con cui aiutate gli individui a basso reddito a generare ricchezza, non basta seguire ciecamente qualche regola di azione. Occorre che comprendiate bene i principi sociali ed economici che guidano le azioni giuste da intraprendere.

Se operate senza avere prima compreso questi importanti principi, rischiate di assumere decisioni non corrette pregiudicando i risultati delle vostre azioni.

Molti individui potrebbero portarvi fuori strada con argomentazioni che paiono convincenti. Il vero rischio è decidere di intraprendere azioni che contribuiscono a aumentare la dipendenza e la povertà nel lungo termine (anche se magari la riducono nel breve termine) anzichè a ridurre sostenibilmente la povertà generando vero reddito.

Per aiutarvi a comprendere questi importanti principi, questo documento si propone di spiegare la natura della ricchezza (e la differenza tra ricchezza e denaro), la natura della povertà come problema sociale (non individuale), il significato e lo scopo dell'investimento e le ragioni per cui la carità (donazioni gratuite di beni o di denaro), i sussidi e i prestiti agevolati contribuiscono a alimentare il problema anzichè offrire una soluzione.

4 LA SINDROME DA DIPENDENZA IN AFRICA

4.1 QUANDO I MEMBRI DELLA COMUNITÀ HANNO SCARSA FIDUCIA IN SÉ STESSI, COSA È NECESSARIO CAMBIARE?

La "sindrome da dipendenza" è l'atteggiamento e la convinzione dell'incapacità di un gruppo di risolvere i propri problemi senza un aiuto esterno. Si tratta di un punto debole che peggiora con la beneficenza.

Perché combattiamo contro la dipendenza?

Se un'agenzia esterna, sia che si tratti di un governo centrale, una ONG o una missione, si reca da una comunità e costruisce una struttura per un insediamento umano (ad esempio un impianto idrico), è naturale che questo venga visto dai membri della comunità come un bene appartenente all'agenzia esterna. Quando quell'agenzia esterna se ne va o termina i fondi, i membri della comunità non avranno motivazioni per riparare o fare manutenzione all'impianto o per mantenere in essere il servizio affinché l'impianto possa essere utilizzato efficacemente dei membri della comunità.

Affinché venga fatta la manutenzione e venga mantenuto in essere il servizio, i membri della comunità devono avere il senso della "responsabilità" per l'impianto. Quel senso di responsabilità viene a volte descritto come "proprietà" da parte della comunità.

Il senso di responsabilità e proprietà non sarà presente a meno che l'intera comunità non sia stata coinvolta nel processo decisionale riguardante l'impianto (pianificazione e gestione) ed abbia volontariamente contribuito al costo di costruzione. Non verrà utilizzato efficacemente, non verrà fatta manutenzione e non sarà tenuto in servizio. Non si può costruire una struttura per un insediamento umano o un servizio e aspettarsi che questo non necessiti di riparazioni e manutenzione. Sarebbe come pretendere di mangiare una volta sola e che basti per sempre.

Con la crescita della popolazione, i governi hanno accesso di anno in anno a meno risorse pro capite. Le comunità non possono più permettersi di dipendere dai governi centrali per le strutture e servizi per gli insediamenti umani. Lo stesso vale per le donazioni: i governi dei paesi ricchi, l'ONU, la Banca Mondiale e le ONG internazionali non dispongono di risorse sufficienti per distribuirle ad ogni comunità povera in Africa, indipendentemente da quanto meritevole sia la causa.

Laddove si pensava che la sola fiducia in sé della comunità fosse una buona cosa, si svilupparono democrazia spinta dal basso, diritti umani, sviluppo autonomo e dignità umana. Ora si è andati molto oltre. Se le comunità non possono acquisire sempre più fiducia in sé e diventare empowered, queste comunità semplicemente non si svilupperanno e la povertà e l'apatia potrebbero distruggerle.

Contrastare la dipendenza in Africa è l'obiettivo primario. La dipendenza nella comunità deve essere ridotta attraverso ogni azione intrapresa. Quando istruisce l'organizzazione di una comunità sulle modalità per ottenere le risorse, l'animatore deve avere quell'obiettivo primario in mente e agire di conseguenza. Un'agenzia finanziatrice con donazioni dovrebbe evitare di dare alla comunità qualcosa per niente. Questo tiipo di atteggiamento incoraggia la dipendenza. Bisogna sempre incoraggiare i membri della comunità affermando che possono portare avanti il progetto da soli e che la vostra presenza ha lo scopo di offrire loro abilità e consigli ma sono loro a dover compiere il lavoro. Applicando questo al finanziamento di un progetto della comunità non dovete mai offrirvi di ottenere finanziamenti per loro. I metodi in questo documento sono chiamati la Metodologia di Empowerment delle Comunità africane o (Metodologia Back Home Investment), pensata appositamente per combattere la dipendenza.

In qualità di animatori, dovrete dare loro le linee guida che indichino loro come raccogliere fondi e altre risorse, come assicurarsi che i conti siano tenuti in modo trasparente e semplice e come tradurre donazioni non monetarie in entrate finanziarie. Dovrete però sempre enfatizzare che l'effettivo ottenimento delle risorse deve essere ad opera della comunità o dell'organizzazione della comunità (ad es. un comitato esecutivo) che lavori per conto della comunità, ruolo che non dovete svolgere voi.

5 PRINCIPI DI GENERAZIONE DEL REDDITO IN AFRICA

Questo parte spiega, senza eccedere nella teoria, il perchè di uno schema di generazione del reddito.

5.1 COMPRENDERE I PRINCIPI

Tutti gli operatori sociali impegnati nell'empowerment delle comunità africane a basso reddito e dei loro membri sono incoraggiati a analizzare le cause della povertà e i fattori che possono contribuire alla sua diminuzione.

Il mondo è sempre più consapevole di quanto sia inumana la condizione di povertà in Africa. Più sono coloro che si preoccupano della sua diffusione, più aumenta il numero delle persone di buona volontà disposte a partecipare a progetti volti a combattere la povertà.

Il numero dei progetti sulla lotta alla povertà è in rapido aumento ma talvolta tali progetti si basano su ipotesi non corrette o non praticabili. Talvolta sono i responsabili di questi progetti che sostengono ipotesi non corrette. Pertanto le azioni che ne conseguono possano fare crescere anzichè ridurre la povertà.

La nostra formazione mette a disposizione degli operatori di comunità che si impegnano nella lotta alla povertà su due fronti:

- la povertà collettiva, che consiste nella mancanza di servizi e strutture a servizio della comunità e
- la povertà individuale, che consiste nell'assenza di ricchezza (e include tutte quelle caratteristiche sociali che contribuiscono a perpetrare lo stato di povertà). I programmi di generazione del reddito si applicano a quest'ultima.

La nostra formazione pone enfati sulle tecniche e sulle abilità necessarie all'operatore di comunità. Per prevenire la formulazione di ipotesi non corrette sulla povertà e sulla generazione del reddito, è indispensabile spiegare all'operatore i principi alla base di tali tecniche e abilità.

Questa formazione, pertanto, si propone di fornire all'operatore di comunità conoscenze utili a evitare di formulare ipotesi non corrette. Questo non è un esercizio teorico così come, del resto, nessuna parte di questo materiale formativo è pura teoria. Facciamo tuttavia riferimento ai principi sociologici e economici che riguardano le cause della povertà in Africa e le azioni necessarie a combatterla.

I documenti proposti della nostra formazione illustrano come il modello di generazione del reddito (creazione di ricchezza) sia basato sul ricorso al credito anzichè ai sussidi finanziari, sull'applicazione di tassi di interesse equi e di mercato, sull'erogazione del credito accompagnata da adeguata formazione e sia indirizzato ai membri che in una comunità dispongono di minor reddito. Aiutano inoltre a organizzare gruppi (es. cooperative) di gestione del credito e aiutano i singoli individui a gestire le attività produttive.

Il nostro materiale formativo include:

- Generazione del reddito, ricchezza e povertà: contiene note per il formatore sui principi della creazione della ricchezza basati sulla comprensione della ricchezza intesa non come abbondanza di denaro ma come opportunità di investire per creare nuova ricchezza e sulla natura della povertà come problema sociale.
- Illustrazioni sulla generazione del reddito si tratta di immagini grafiche sul programma di generazione del reddito che potete scaricare e usare nella preparazione del materiale formativo.
- Sussidi, credito e diminuzione della povertà si tratta di note per l'animatore che mostrano come un approccio basato sull'empowerment si focalizzi sul ricorso al credito, che deve essere fornito a un interesse equo e di mercato, e non ai sussidi.

La comprensione di questi principi aiuterà l'operatore di comunità a spiegare (ai capi e alle figure di autorità locali, ai giornalisti e ai beneficiari del programma) perchè l'orientamento alla carità contribuisca al mantenimento della condizione di povertà e perchè un approccio basato sull'empowerment favorisca la riduzione e la progressiva eliminazione della povertà.

6 I FATTORI DI POVERTÀ IN AFRICA

6.1 QUALI SONO I PRINCIPALI FATTORI DI POVERTÀ IN AFRICA?

Tutti noi abbiamo accusato mancanza di contanti in alcuni momenti. Questa è un'esperienza individuale, ma non corrisponde al problema sociale della povertà. Mentre il denaro è misura di ricchezza, la mancanza di liquidi può essere una misura della mancanza di ricchezza, ma non corrisponde alla povertà.

La povertà come problema sociale è una ferita profondamente radicata che permea ogni dimensione di cultura e società. Include bassi livelli di reddito prolungati per i membri della comunità. Include una mancanza di accesso a servizi quali l'istruzione, mercati e sanità, una mancanza di capacità decisionale e una mancanza di strutture collettive come acqua, fognature, strade, trasporti e comunicazioni. Inoltre, è una "povertà di spirito" che permette ai membri di quella comunità di credere in disperazione, rassegnazione, apatia e timidezza e di condividerle. La povertà, soprattutto i fattori che vi contribuiscono, è un problema sociale, e la sua soluzione è sociale.

Con questa formazione apprendiamo che non possiamo combattere la povertà alleviando i suoi sintomi, ma solo attaccandone i fattori. Questo materiale elenca e descrive i "Grandi Cinque", i fattori che contribuiscono al problema sociale della povertà in Africa.

Il semplice trasferimento di fondi, anche se destinati alle vittime della povertà, non sradicherà né ridurrà la povertà. Allevierà solamente i sintomi della povertà per breve tempo. Non è una soluzione duratura. La povertà come problema sociale richiede una soluzione sociale. Questa soluzione è la rimozione chiara, consapevole e deliberata dei cinque grandi fattori di povertà.

6.2 FATTORI, CAUSE E STORIA

Un "fattore" e una "causa" non sono la stessa cosa. Una "causa" può essere vista come un qualcosa che contribuisce all'origine di un problema quale la povertà, mentre un "fattore" può essere considerato un qualcosa che contribuisce alla sua continuazione dacché già esistente.

La povertà in Africa ha diverse cause storiche: colonialismo, schiavitù, guerra e conquista. C'è un'importante differenza tra quelle cause e ciò che chiamiamo fattori che mantengono la condizione di povertà. La differenza sta nel fatto di cosa noi possiamo fare oggi. Non possiamo tornare indietro nel tempo e cambiare il passato. La povertà esiste. La povertà è stata causata. Ciò che possiamo fare è intervenire sui fattori che perpetuano la povertà.

È risaputo che molte nazioni europee, fronteggiando guerre devastanti, come la I e la II Guerra mondiale, furono ridotte in povertà, con la gente ridotta a vivere di sussidi e carità, praticamente a sopravvivere. Nel giro di alcuni decenni si sono risollevate in termini di reddito interno reale fino a diventare fiorenti nazioni moderne di gente prospera. Sappiamo anche le nazioni africane sono rimaste tra le meno sviluppate del pianeta, sebbene miliardi di dollari del cosidetto denaro di "soccorso" sia stato speso per loro. Perché? Perché i fattori di povertà non sono stati attaccati, solo i sintomi. A livello macro o nazionale, un basso PIL (Prodotto Interno Lordo) non è povertà; è un sintomo di povertà, come problema sociale.

I fattori di povertà (come problema sociale) qui elencati, ignoranza, malattia, apatia, disonestà e dipendenza, devono essere considerati come condizioni. Non si vuole dare un giudizio morale. Non sono positivi o negativi, semplicemente sono fattori. Se un gruppo di persone, come una società o una comunità africana, decide di ridurre ed eliminare la povertà, dovrà osservare e identificare questi fattori senza giudicarne il valore ed entrare in azione per rimuoverli per sradicare la povertà.

I Grandi Cinque, a loro volta, contribuiscono a fattori secondari quali la mancanza di mercati, infrastrutture scarse, una leadership scadente, malgoverno, sottoccupazione, mancanza di abilità, assenteismo, mancanza di capitali e altro. Ciascuno di questi è un problema sociale, causato da uno o più dei cinque sopra elencati, e ciascuno di questi contribuisce alla perpetuazione della povertà; la loro sradicazione è quindi necessaria per l'eliminazione della povertà.

Diamo uno sguardo veloce a ciascuno dei Grandi Cinque.

Ignoranza:

Ignoranza significa mancanza di informazione, o mancanza di conoscenza. È diversa dalla stupidità, che è mancanza di intelligenza, e diversa dalla sciocchezza, che indica mancanza di saggezza. Questi tre fattori sono spesso mescolati e sono ritenuti da molti come sinonimi.

"Conoscenza è potere", dice un antico detto. Sfortunatamente, alcune persone, sapendo questo cercano di tenersi la conoscenza per sé (come strategia per ottenere un vantaggio sleale), e ostacolano gli altri nell'apprendimento della conoscenza stessa. Non aspettatevi che se formate qualcuno in un'abilità particolare, quest'informazione o abilità venga trasmessa naturalmenteal resto della comunità.

È importante determinare quali informazioni mancano. Molti pianificatori e persone di buona volontà che vogliono aiutare la comunità a rafforzarsi, pensano che la soluzione sia l'istruzione. Ma l'istruzione significa molte cose. Alcune informazioni non sono importanti per la situazione. A un agricoltore non servirà sapere che Romeo e Giulietta muoiono in una tragedia di Shakespeare, ma piuttosto sapere quali tipologie di semi possono sopravvivere nel suolo locale e quali no.

La nostra formazione per il rafforzamento della comunità include (tra le altre cose) la trasmissione di informazioni. A differenza dell'istruzione generale, che ha una sua storia di cause per la scelta di cosa includere, l'informazione di cui si parla qui mira al rafforzamento della capacità, non ad un'informazione generale.

Malattia:

Se una comunità ha un alto tasso di malattie, l'assenteismo è elevato, la produttività è bassa e viene creata poca ricchezza. A parte la miseria, il disagio e la morte che risultano dalla malattia, è anche uno dei principali fattori di povertà di una comunità. Stare bene (il benessere) non solo aiuta gli individui sani, ma contribuisce allo sradicamento della povertà nella comunità.

Qui, come altrove, prevenire è meglio che curare. È una delle dottrine di base delle cure sanitarie primarie. L'economia è più sana se la popolazione è sempre in salute; più di quanto sarebbe se la gente si ammalasse e dovesse essere curata. La salute contribuisce allo sradicamento della povertà più in termini di accesso all'acqua potabile sicura e pulita, separazione del sistema fognario dall'approvvigionamento idrico, conoscenza dell'igiene e prevenzione di malattie molto più di cliniche, dottori e medicine che sono soluzioni curative costose rispetto alla prevenzione.

Ricordate che ci occupiamo di fattori e non di cause. Non importa se la tubercolosi è stata importata dai primi stranieri che arrivarono a commerciare, o se era autoctona; Non importa se l'HIV che porta l'AIDS sia stato un complotto della CIA per sviluppare un'arma biologica da combattimento, o se deriva dalle scimmie verdi nel cibo. Quelle sono possibili cause. Conoscere le cause non rimuoverà la malattia. Conoscere le cause può portare ad un igiene migliore e ad un comportamento di prevenzione, per il loro totale sradicamento.

Molte persone vedono l'accesso alla sanità come una questione di diritti umani, riduzione di dolore e miseria e qualità di vita delle persone. Queste sono tutte ragioni valide per contribuire alla salute di una popolazione. Ciò che si discute qui, oltre a queste ragioni, è che una popolazione sana contribuisce allo sradicamento della povertà, e si sostiene anche che la povertà non è misurata solo dagli alti tassi di morbilità e mortalità, ma anche che la malattia contribuisce ad altre forme e altri aspetti della povertà.

Apatia:

L'apatia esiste dove la gente non si cura di nulla, o se si sente così impotente da non cercare di cambiare le cose, di riparare a un torto, di correggere un errore o di migliorare le condizioni.

A volte, molte persone si sentono così incapaci di raggiungere qualcosa che sono gelosi dei loro familiari o dei membri della loro stessa comunità che cercano di farlo. Quindi cercano di far cadere il potenziale realizzatore al loro stesso livello di povertà. L'apatia genera apatia.

A volte l'apatia è giustificata da precetti religiosi: "Accetta le cose come stanno perché Dio ha stabilito il tuo destino". Si può abusare di questo fatalismo come scusa. Va benissimo credere che Dio decida il nostro destino, se accettiamo che Dio possa decidere che noi dovremmo essere motivati a migliorarci. "Prega il Signore, ma rema verso la riva", un proverbio russo, dimostra che siamo nelle mani di Dio, ma che abbiamo anche la responsabilità di aiutare noi stessi.

Noi siamo stati creati con molte capacità: scegliere, cooperare, organizzare per migliorare la qualità delle nostre vite; non dovremmo permettere che Dio o Allah vengano usati come scusa per non fare nulla. Questa cosa è talmente nociva quanto una bestemmia. Dobbiamo lodare e usare i talenti da lui ricevuti.

Nella lotta contro la povertà, l'attivista usa l'incoraggiamento e l'elogio, di modo che la gente (1) voglia e (2) impari a farsi carico della propria vita.

Disonestà:

Quando le risorse destinate ai servizi o alle strutture di una comunità vengono deviate nelle tasche di un privato in posizione di potere, c'è qualcosa di più della moralità in gioco. In questa serie di formazione non stiamo a giudicare se questa è una cosa positiva o negativa. Stiamo tuttavia mostrando che si tratta di una causa di povertà. La disonestà tra le persone di fiducia e di potere. La somma sottratta al pubblico, ricevuta e goduta dall'individuo, è minore rispetto al calo in ricchezza destinata al pubblico.

La somma di denaro estorta o di cui ci si è appropriati indebitamente non corrisponde all'ammontare della riduzione di ricchezza della comunità. Gli economisti parlano di "effetto moltiplicatore". Dove viene investita nuova ricchezza, l'effetto positivo sull'economia è maggiore rispetto alla somma creata. Dove il denaro investito viene tolto dalla circolazione, l'ammontare della ricchezza di cui è privata la comunità è molto maggiore rispetto al guadagno del malversatore. Se un funzionario di governo prende una tangente di 100 dollari, l'investimento sociale subirà un calo in ricchezza pari a 400 dollari.

È ironico il fatto che ci sconvolgiamo quando un ladruncolo insignificante ruba dal mercato qualcosa del valore di 10 dollari, mentre un funzionario può rubare un migliaio di dollari dall'erario pubblico, provocando un danno sulla società di ben 4000 dollari. Eppure non puniamo il secondo ladro. Lo rispettiamo per la sua apparente ricchezza e lo lodiamo quando aiuta i suoi parenti e vicini. Invece abbiamo bisogno della polizia per proteggere il primo ladro dall'essere assalito dalla gente per strada.

Il secondo ladro è una delle principali cause di povertà, mentre il primo potrebbe essere benissimo una vittima della povertà causata dal secondo. La nostra attitudine, come descritta nel paragrafo a sinistra, è più che ironica; è un fattore perpetuante la povertà. Se noi premiamo colui che causa il danno maggiore, e puniamo solamente le vittime reali, allora pure le nostre attitudini confuse contribuiscono alla povertà. Quando del denaro malversato è fatto espatriare e portato in una banca estera (ad es. svizzera), allora non contribuisce in nessun modo all'economia nazionale; aiuta solo il paese della banca straniera o estera.

Dipendenza:

La dipendenza è il risultato della carità. A breve termine, come dopo un disastro, quella carità potrebbe essere essenziale per la sopravvivenza. A lungo andare, quella carità può contribuire al possibile decesso del destinatario, e certamente alla continuazione della povertà.

È un'attitudine, una credenza che uno sia così povero e debole da non potersi salvare da solo, che un gruppo non possa salvarsi e che debba dipendere dall'assistenza esterna. L'attitudine e la convinzione condivisa è il maggiore fattore auto-giustificativo per perpetuare la condizione in cui l'individuo o il gruppo debba dipendere dall'aiuto esterno.

La metodologia di empowerment di una comunità è un'alternativa alla carità (che indebolisce), ma fornisce assistenza, capitale e formazione con l'obiettivo che le comunità a basso reddito identifichino le loro risorse e assumano il controllo del loro stesso sviluppo che si rafforzino. Troppo spesso, quando un progetto ha lo scopo di promuovere l'autonomia, i destinatari, fino a che la loro coscienza non è sollevata, si aspettano, presumono e sperano che il progetto li fornirà di risorse per installare strutture o servizi nella comunità.

Tra i cinque fattori principali di povertà, la sindrome da dipendenza è una delle preoccupazioni che toccano più da vicino il mobilizzatore.

Questi cinque fattori non sono indipendenti l'uno dall'altro. La malattia contribuisce all'ignoranza e all'apatia. La disonestà contribuisce alla malattia e alla dipendenza. E così via. Ciascuno di essi contribuisce agli altri.

In ogni processo di cambiamento sociale, siamo incoraggiati a "pensare globalmente, agire localmente". I Grandi Cinque fattori di povertà sembrano essere diffusi e profondamente radicati nei valori e nelle pratiche culturali. Possiamo credere, sbagliando, che nessuno di noi, nel nostro piccolo, possa far qualcosa per loro.

Non disperate. Se ciascuno di noi si impegna personalmente a combattere i fattori di povertà a qualsiasi età, allora la somma totale delle nostre azioni, e l'effetto moltiplicatore delle nostre azioni sugli altri, contribuiranno al decadimento di questi fattori e alla vittoria definitiva sulla povertà in Africa.

La nostra formazione ha lo scopo di ridurre la povertà su due fronti:

- la riduzione della povertà della comunità mobilitando i gruppi appartenenti ad unirsi, organizzarsi e agire, e
- la riduzione della povertà personale creando ricchezza attraverso lo sviluppo delle microimprese.

Voi, come mobilizzatori, siete in una posizione chiave per potere avere un effetto sui cinque grandi fattori di povertà. Conducendo la vostra mobilitazione e formazione per la riduzione della povertà, potrete assicurare la vostra personale integrità, ostacolare coloro che vorrebbero corrompere il sistema e incoraggiare tutti i partecipanti a praticare l'attacco nei confronti dei fattori di povertà attraverso azioni da loro scelte, guidati e formati da voi.

I cinque grandi fattori di povertà (come problema sociale) includono:

- ignoranza,
- malattia,
- apatia,

- disonestà e
- dipendenza.

Questi, a loro volta, contribuiscono a fattori secondari quali :

- la mancanza di mercati,
- scarse infrastrutture,
- una leadership scadente,
- malgoverno,
- sottoccupazione,
- mancanza di capacità,
- mancanza di capitale e
- molto altro.

La soluzione al problema sociale della povertà in Africa è la soluzione sociale dell'eliminazione dei fattori di povertà.

7 SUSSIDI, CREDITO E DIMINUZIONE DELLA POVERTÀ IN AFRICA

Molte persone di buon cuore hanno conosciuto la durezza della povertà, spesso in occasione di catastrofi provocate dalla natura o dall'uomo. Queste persone hanno cercato di aiutare le vittime a produrre i propri mezzi di sostentamento. Alcuni hanno procurato delle macchine da cucire, altri del cibo. La conseguenza comune di questi modelli di aiuto è che, quando cessa la carità, la povertà ritorna a farsi sentire.

La nostra visione è aiutare i poveri; non mantenerli dipendenti dalla carità (e quindi farli rimanere poveri) ma aiutarli a diventare più forti, capaci di vivere e crescere senza dovere aspettare la carità altrui.

Per la nostra formazione, l'argomento principale è l'"empowerment". Con l'"empowerment" i beneficiari dell'aiuto non ricevono carità, che li renderebbe ancora più dipendenti, ma un aiuto a diventare più forti (empowered), autosufficienti e meno dipendenti dalla carità altrui.

Ci sono diversi modi di dare. Certi doni, anche quelli offerti con le migliori intenzioni, inducono coloro che li ricevono a aspettare di riceverne altri da cui finiscono per diventare dipendenti. Ci sono invece altri tipi di doni che aiutano i poveri a diminuire il loro stato di povertà. Queste sono le offerte che incoraggiamo e sosteniamo.

Naturalmente nelle condizioni di emergenza siamo del tutto favorevoli alla carità. Sciagure come terremoti, inondazioni, uragani, guerre, bombe, disastri aerei causano vittime bisognose di aiuti immediati. In queste circostanze abbiamo il dovere di procurare aiuti immediati sottoforma di scorte alimentari, rifugi, medicinali e assistenza per le vittime che altrimenti non sopravviverebbero.

Ci sono altre situazioni in cui la carità diventa invece un ostacolo alla crescita e, anzichè aiutare le vittime a recuperare le forze, perpetua lo stato di debolezza e povertà. Non è facile distinguere tra queste due situazioni e men che meno decidere quando smettere di fare carità per iniziare a promuovere la crescita.

Secondo i principi dell'empowerment, l'approccio alla diminuzione della povertà richiamato in questo documento si basa sulla creazione di nuovo valore aggiunto (ricchezza), sul rifiuto della carità come mezzo per alleviare la povertà e sul ricorso al credito a un tasso di interesse di mercato equo e non agevolato.

Si fornisce invece senza corrispettivo, quando ciò è possibile, la formazione e l'organizzazione che aiuta i beneficiari a ricorrere al credito incominciando a generare vero valore aggiunto (ricchezza) e quindi reddito.

7.1 SUSSIDI E PRESTITI

Qualcuno sostiene che dare sussidi economici ai poveri favorisca la generazione di reddito. I sussidi sono doni. Non ci aspettiamo che vengano restituiti. Quando vediamo persone in stato di bisogno siamo tentati di aiutarle donando loro cose utili. Questo tipo di aiuto tuttavia incoraggia chi lo riceve a aspettarsi di ricevere altri doni.

Siamo d'accordo nel sostenere che nei casi di emergenza, nelle catastrofi sia giusto offrire alle vittime quanto necessita alla loro sopravvivenza (cibi, vestiti, rifugio). Senza questi aiuti non sopravviverebbero. Una volta che il pericolo di sopravvivenza cessa, tuttavia, continuare a fare offerte contribuisce solo a generare e a intensificare la sindrome di dipendenza e a rafforzare la condizione di povertà.

L'"Attitudine alla carità" porta a continuare a donare ai poveri i mezzi di sostentamento. L'"Analisi dello sviluppo" invece dimostra che la carità non è un modo di fare sostenibile perchè non aiuta i poveri a diventare più forti e autosufficienti e contribuisce ad aggravare lo stato di povertà nel tempo.

Qualcuno crede che trasferire fondi ai bisognosi in Africa sia un modo per aiutarli a generare reddito. Non è così. La ricchezza non si genera trasferendo denaro da una persona a un'altra. L'offerta di denaro allevia i sintomi della povertà di chi la riceve ma solo temporaneamente. Non opera alle radici della povertà e non riduce nè allevia la povertà.

Il trasferimento di denaro che sosteniamo avviene nella forma del credito, cioè nella forma di un prestito che deve essere restituito. Se chi riceve il prestito opera in modo da produrre reddito, includendo la parte che serve a ripagare il prestito oltre a quella che gli consente di fare fronte ai suoi bisogni di cassa, allora costui ha prodotto vera ricchezza.

7.2 TASSI DI INTERESSE

Una volta stabilito che sono prestiti anzichè i sussidi a contribuire alla riduzione della povertà e alla generazione di reale valore aggiunto (ricchezza), ci si può chiedere: "é opportuno fare pagare gli interessi sul prestito e, se sì, a quale tasso?"

Di nuovo, persone di buon cuore ma propense alla carità potrebbero obiettare: "Queste persone sono povere, non si dovrebbe far pagare loro gli interessi, al massimo si dovrebbero richiedere interessi a tassi agevolati." Come abbiamo già detto, questo atteggiamento alimenta la povertà e non contribuisce affatto ad eliminarla.

Un programma che si propone di aiutare le persone a diventare autosufficienti è di fatto un programma di formazione. Quando vediamo un mendicante all'angolo della strada e gli diamo una moneta, non facciamo altro che insegnargli una cosa. Quello che gli insegnamo è che mendicare paga e gli diamo un buon motivo per continuare a mendicare.

Tenendo questo principio in mente, la nostra metodologia consiglia di prestare i fondi al tasso di interesse disponibile anche in assenza dello specifico progetto, vale a dire a un tasso di mercato oppure ai tassi governativi.

Elargire prestiti a tassi agevolati o senza interessi induce i beneficiari a operare a condizioni facilitate rispetto a quelle reali; noi dobbiamo insegnare a operare alle condizioni reali.

Nei mercati non ufficiali e illegali del credito vengono applicati tassi sproporzionati (usura), anche oltre il 200%. Con questa metodologia assistiamo coloro che intendono accedere al credito affinchè lo possano ottenere dagli operatori istituzionali (banche, casse,..) evitando la dipendenza dagli usurai.

Secondo questo approccio alla diminuzione della povertà, i prestiti devono essere accessibili ai tassi normali, non a tassi agevolati o nulli.

7.3 Una nota sulla religione

Molte religioni, e in particolare quelle di tradizione ebraica/cristiana/islamica impongono particolari norme contro l'elargizione di prestiti a tassi di interesse troppo alti, a volte persino contro la sola applicazione di un interesse.

Tassi di interesse sproporzionatamente alti sono infatti ritenuti un furto. L'usura è praticata da sempre, da tempi biblici si direbbe. Anche noi siamo decisamente contro questa pratica.

Quando si opera un programma di generazione del reddito come questo nella società islamica ci si trova di fronte a un dilemma:

- la diminuzione sostenibile della povertà richiede l'applicazione di interessi e
- le norme religiose proibiscono di addebitare interessi.

Non abbiate paura; c'è una soluzione. Raccomandiamo di comportarsi esattamente come fanno le banche nei paesi islamici.

L'applicazione di interessi sui prestiti è di fatto un canone per l'uso temporaneo di una certa somma di denaro. Addebitare un canone per l'affitto di un'appartamento o per il noleggio di un'automobile è permesso. La banca quindi addebita un quota di servizio o un canone di noleggio invece degli interessi. Prendete a riferimento i tassi applicati da alcune di queste banche e addebitate gli stessi nel vostro schema di generazione di reddito.

Oltre a evitare l'"Approccio carità", evitate l'usura.

7.4 Chi fa la banca?

Questo documento, oltre a prevedere il ricorso al credito a tassi di interesse normali ed equi, prevede che per ottenere il credito ci si rivolga a una banca, a una cassa o comunque a un'istituzione finanziaria legittimamente autorizzata a praticare prestiti.

E' decisamente consigliabile fare prestare i fondi (al gruppo di beneficiari che partecipano al programma) da una banca anzichè prestarli personalmente. In questo modo si opera con trasparenza evitando il rischio (o la tentazione) di mettere in atto comportamenti opportunistici o corrotti.

Se è la stessa persona o agenzia che organizza i programmi a favore delle comunità a prestare i fondi, l'efficacia dell'azione di empowerment e animazione può risultarne compromessa. Anche se si è assolutamente onesti, qualcuno potrebbe sospettare un interesse personale nel prestare denaro e smettere di fidarsi, rendendo così inefficaci le azioni.

Invece di dare sussidi, usate il denaro per fare formazione sul ricorso al credito. Invece di finanziare il pagamento degli interessi, usate il denaro per fare altra formazione.

Insegnate ai beneficiari del programma di credito a sopravvivere e crescere nel mercato del credito effettivo.

Questo spiega perchè è opportuno evitare di ricorrere alla carità nella forma di sussidi in denaro o in natura. L'accesso al credito a condizioni di mercato attraverso istituzioni finanziarie aiuta i beneficiari a migliorare la propria posizione e a diventare autosufficienti evitando la dipendenza dalla carità.

Quello che può essere fornito gratuitamente è l'organizzazione del programma di accesso al credito e la relativa formazione ma non il denaro.

8 PROFILO GENERALE DELLA NOSTRA STRATEGIA "IL BACK HOME INVESTMENT"

Gran parte di questo documento è stata scritta in forma di elenchi puntati, in modo da offrire un profilo conciso.

La strategia di gestione comunitaria in Africana (BHI) consiste di tre parti, così come avviene nel movimento a tenaglia durante una campagna militare, ognuna di esse completa le altre. Queste tre fasi sono :

- Promozione della partecipazione comunitaria (comprende il ciclo di mobilitazione),
- Gestione comunitaria (comprende la formazione gestionale per la ristrutturazione istituzionale) e
- Promozione di un ambiente favorevole (considera le condizioni governative e non governative che circondano e influenzano la comunità).

Il profilo generale della strategia qui proposto inizia con la descrizione di elementi generali, affrontando le tre fasi sopracitate. Verranno elencati quei fattori che potrebbero richiedere delle variazioni nell'organizzazione della strategia e si proseguirà con la descrizione del tipo speciale di formazione offerto in questo contesto (e che interessa tutte le tre fasi).

Un importante fattore trasversale è il genere (aumento della consapevolezza e dell'equità), che verrà integrato in tutte le tre fasi. Verranno poi elencati gli elementi di ognuna delle tre sezioni. La forma sintentica e schematica di questo documento mira ad offrire un quadro d'insieme della strategia vista come un pacchetto unico, si trova comunque in allegato una descrizione più dettagliata, "La strategia in dettaglio".

8.1 Variazioni nella strategia

La strategia varia da contesto a contesto, in risposta ai vari fattori che influenzano il rafforzamento comunitario e l'eliminazione della povertà in Africa. Questi fattori sono:

- Grado e natura di favorevolezza ambientale;
- Livello e tipo di partecipazione comunitaria;
- Livello di urbanizzazione, eterogeneità etnica e servizi urbani;
- Livelli di consenso e unità all'interno di ogni comunità;
- Principali caratteristiche tecnologiche ed economiche (pesca, agricoltura, allevamento, caccia, industria, commercio, ecc.);
- Livello e natura delle competenze gestionali e dell'organizzazione;
- Natura, status e influenza delle ONG.

8.2 Formazione

Un'importante caratteristica della strategia che riguarda tutta la formazione prevista (che rappresenta l'input principale del programma di gestione comunitaria) è il fatto di essere non formale, non ortodossa e orientata sui bisogni dei discenti. Essa mira infatti ad un tipo di apprendimento on-the-job, sensibile al contesto, non in aula, non accademico, facilitativo e partecipativo.

Essa include un obbiettivo ortodosso dell'insegnamento (il trasferimento di competenze, l'incoraggiamento, l'impartizione di informazioni, la sensibilizzazione, ecc.), mirato ai singoli discenti, e un obbiettivo aggiunto non ortodosso:

- l'organizzazione o riorganizzazione del gruppo, e
- la successiva mobilitazione verso l'azione, per il miglioramento delle competenze e dell'efficacia.

8.3 Equilibrio di genere

Nei tre elementi principali, e a tutti i livelli di implementazione, la strategia promuove attivamente l'equilibrio tra i sessi. Queto si basa su diversi principi, primo fra tutti il diritto umano di ogni individuo a partecipare *senza discriminazioni di genere.*

Ci sono anche aspetti politici ed economici da considerare: l'economia non funzionerà in maniera ottimale se il cinquanta per cento della popolazione è sistematicamente escluso, così come una corretta amministrazione è impossibile in presenza di una tale emarginazione.

Le tre fasi successive: A, B e C identificano brevemente i tre componenti principali della strategia.

8.4 FASE A: PARTECIPAZIONE COMUNITARIA

La strategia si basa sul presupposto che la partecipazione di tutti i membri della comunità è essenziale sia per la riduzione della povertà che per il rafforzamento comunitario. Esistono diverse interpretazioni del concetto di "partecipazione", si intende qui la partecipazione dell'intera comunità (e non soltanto alcuni gruppi) nel processo decisionale:

- valutazione della situazione (bisogni e potenzialità),
- determinazione dei problemi e degli obbiettivi prioritari,
- pianificazione delle azioni,
- implementazione e monitoraggio,
- valutazione dei risultati.

Questo significa che l'intera comunità è responsabile del proprio sviluppo (che non viene affidato ad una terza parte).

Il contributo tramite risorse (donazioni, lavoro, forniture, ecc.) può essere parte della partecipazione e il dialogo e la consultazione con agenzie esterne vengono incoraggiate, è importante però sottolineare che la "partecipazione" è un concetto molto più esteso di "contributo" e di "consultazione".

8.4.1   Promozione della partecipazione comunitaria

La stimolazione e l'incoraggiamento di una comunità a partecipare alle decisioni che la portranno verso lo sviluppo è un processo formato da un ciclo che si ripete. Questo viene generalmente chiamato ciclo di mobilitazione, ciclo di soluzione dei problemi o ciclo di sviluppo comunitario.

Sono di seguito elencati i punti fondamentali del ciclo:

1. Sensibilizzazione delle autorità e ottenimento dei permessi;
2. Sensibilizzazione dei membri della comunità;
3. Analisi della situazione e valutazione della partecipazione;
4. Organizzazione dell'unità; costruzione del consenso;
5. Definizione delle priorità; problemi e obbiettivi;
6. Pianificazione dell'azione comunitaria;
7. Organizzazione di un consiglio amministrativo;
8. Implementazione e monitoraggio;
9. Stima e valutazione dell'impatto;
10. Ripetizione

Quella sopra citata non è una semplice lista di attività diverse. Ogni fase si collega a quelle che la precedono e a quelle seguenti, e al ciclo nel suo insieme. Le fasi seguono un ordine logico e funzionale. Ogni volta che il ciclo si ripete, questo si basa sulle valutazioni fatte durante il ciclo precedente e sui risultati di rafforzamento ottenuti.

8.4.2   Cambiamento sociale che mira a una comunità rafforzata

Così come il ciclo di intervento sopra descritto, molti altri elementi della strategia mirano al rafforzamento comunitario e alla riduzione della povertà in Africa; questi però possono essere introdotti in momenti diversi a seconda della situazione.

Questi elementi sono:

1. Valutazione e analisi delle organizzazioni locali esistenti;
2. Miglioramento delle orgaizzazioni locali;
3. Supporto alle relazioni tra le varie organizzazioni;
4. Generazione di reddito e di impiego;
5. Sicurezza e miglioramento delle infrastrutture;
6. Attività ambientali; e
7. Riduzione dei danni e gestione partecipativa dell'emergenza.

Gli obbiettivi del processo di mobilitazione per lo sviluppo comunitario possono variare da comunità a comunità. Ad ogni modo, ci sono degli elementi comuni:

- eliminazione della povertà,
- buon governo,
- cambiamento dell'organizzazione sociale (sviluppo),
- costruzione di competenze comunitarie,
- rafforzamento dei gruppi a basso reddito ed emarginati e
- uguaglianza di genere.

8.5 PARTE B: GESTIONE COMUNITARIA

Basata sulla promozione di una partecipazione comunitaria tradizionale e di interventi di sviluppo comunitario, la strategia va ancora oltre introducendo la "gestione comunitaria".

Mentre la sua caratteristica principale è la formazione, la formazione a sua volta va oltre il suo fine tradizionale, ovvero il trasferimento di competenze. La formazione alla gestione prevede anche la sensibilizzazione, l'informazione e l'incoraggiamento.

Ma prima di tutto, prevede il rafforzamento organizzativo. Laddove non c'era nessuna organizzazione, crea nuove strutture per l'ottenimanto dei risultati sperati dalla comunità; se invece già c'è una certa organizzazione, essa viene ristrutturata per aumentarne l'efficacia nell'ottenimaneto degli obbiettivi individuati e scelti dalla comunità.

L'organizzazione (o ri-organizzazione) è un prodotto della formazione gestionale stessa (simile all'organizzazione sindacale), ed è costruita sulle quattro domande fondamentali per la gestione (Cosa vogliamo? Cosa abbiamo? Come possiamo usare al meglio ciò che abbiamo per ottenere ciò che vogliamo? E cosa accadrà se lo facciamo?)

8.5.1 Formazione comunitaria alla gestione

La formazione gestionale mirata al rafforzamento comunitario deve essere integrata con la promozione della partecipazione comunitaria e con il ciclo di mobilitazione. La formazione è pensata per l'organizzazione e per il tasferimento di competenze.

Questa include gli elementi seguenti:

1. Organizzazione della comunità e della sua amministrazione per i processi decisionali;
2. Formazione gestionale: le quattro domande;
3. Progettazione;
4. Organizzazione per l'azione;
5. Formazione di competenze (gestionali, finanziarie, tecniche, ecc.);
6. Monitoraggio e rendicontazione:
7. Informazione gestionale e gestione dell'informazione
8. Educazione all'uguaglianza di genere
9. Risoluzione dei conflitti e costruzione del gruppo;
10. Lavorare in rete, creare le relazioni (verticali e orizzontali);
11. Sviluppo di relazioni tra il settore pubblico e il privato, le ONG, le Organizzazioni Comunitarie e le comunità;
12. Acquisizione di risorse, raccolta fondi; e
13. Educazione alla leadership; costruzione del gruppo.

Mentre gli elementi gestionali sopra elencati mirano soprattutto al rafforzamento comunitario e alla riduzione della povertà al livello comunitario e sociale, altri elementi si focalizzano sul privato, sulla riduzione della povertà attraverso l'imprenditoria privata attraverso la formazione e il rafforzamento di microimprese.

Questi elementi sono:

- Supporto a imprese su scala piccola e piccolissima, incoraggiando la fomrazione di nuove imprese e il rafforzamento di quelle già esistenti;
- Promozione del risparmio, della rotazione del credito e della formazione e rafforzamento di unioni creditizie, specialmente tra le donne;
- Costruzione e sviluppo di ripari e di infrastrutture comunitarie, di formazione, di rafforzamento e integrazione dei contaenti privati, soprattutto donne e gruppi vulnerabili;
- Aggiornamento tecnico e professionale (vedere le note sulla formazione nell'intrudione); e

- Sviluppo e rafforzamento dei gruppi (per esempio, quelli basati sulla rotazione del credito tradizionale) per formarli sull'ottenimento del credito, la gestione finanziaria, il risparmio e per fornire competenze manageriali e finanziarie per avviare e gestire imprese che prucano profitto.

Al contrario del ciclo di mobilitazione sopra descritto, gli elementi di queste due liste non devono seguire un ordine preciso. L'ordine presentato è solo approssimativo, e va modificato in base alle valutazioni sui punti di forza, di debolezza e sui bisogni.

8.5.2 Strumenti di formazione gestionale

I gruppi sopra elencati a cui fa riferimento la formazione gestionale includono diversi gruppi comunitari e categorie di persone. La strategia prevede lo sviluppo, la localizzazione e la replicazione di diversi strumenti adatti ai vari destinatari.

Questi sono:

1. Sensibilizzazione e condivisione dell'informaione tramite seminari e conferenze;
2. Workshop per la formazione al trasferimento di competenze;
3. Incontri e sessione di formazione all'organizzazione (e alla ri-organizzazione);
4. Reti di dibattito interdistrettuali, intranazionali e internazionali;
5. Informazione pubblica attraverso i media (radio, tv, giornali);
6. Creazione e sviluppo di linee guida per la formazione, la strategia e la pianificazione;
7. Sviluppo di materiali formativi generali e locali (manuali, dispense, lucidi);
8. Traduzione e stampa di materiali informativi nelle lingue locali;
9. Cartelloni, poster, graffiti riproducibili; e
10. Campagne, gare, eventi pubblici.

Questi strumenti sono pensati per la natura particolare della formazione alla gestione comunitaria, che mira a qualcosa di più che al trasferimento di competenze, alla condivisione di informazioni, sensibilizzazione e incoraggiamento. La formazione gestionale (FG) in questa strategia è anche usata come un mezzo per organizzare, ri-organizzare, rivalutare o migliorare strutture nuove o già esistenti.

8.6 PARTE C: AMBIENTE FAVOREVOLE

Il rafforzamento comunitario e l'eliminazione della povertà non sono processi che avvengono nel nulla. L'ambiente che circonda ogni comunità, non solo ecologico ma anche sociale, economico e politico, influenza il livello di rafforzamento comunitario e anche le strategie per ottenerlo.

In vista di ciò, la strategia di gestione comunitaria ha un terzo elemento fondamentale, cioè quello di lavorare per un ambiente che permetta l'auto-aiuto, la fiducia in se stessi, il rafforzamento comunitario e l'eliminazione della povertà in un approccio comunitario.

Gli elementi che caratterizzano un'amministrazione che supporti e permetta le suddette attività sono i seguenti:

- Linee guida per l'avvio e la modifica di politiche legislative;
- Supporto ai comitati responsabili delle riforme legislative (in questo settore);
- Linee guida per le modifiche ai regolamenti e alle procedure ministeriali;
- Linee guida per le ONG attive nei settori comunitari;
- Eventi di sensibilizzazione (coferenze, workshop, competizioni, giochi, scenette, musica); e
- Azioni di informazione pubblica (cartelloni, radio, annunci su tv e giornali).

Le sottodivisioni seguenti delle strategia mirata al miglioramento dell'ambiente per permettere il rafforzamento comunitario e la riduzione della povertà sono tre:

- governo centrale,
- governi distrettuali e locali a diversi livelli e
- ambiente non governativo.

8.6.1   Ambiente favorevole e amministrazione centrale

La strategia per un ambiente favorevole mira all'assistenza per la riforma e il miglioramento. Se il governo è fortemente centralizzato, ad esempio, e vuole decentralizzarsi, l'assistenza si focalizzerà dunque su l'avvio della decentralizzazione.

Se l'amministrazione è già sulla via della decentralizzazione, allora l'assistenza sarà più pratica e specifica. Mirerà alla democratizzazione, alla devoluzione delle autorità finanziarie, al decentramento dei ministeri per lo sviluppo e ad altre riforme importanti, indirizzando e apportando le modifiche appropriate al governo centrale.

Gli elementi e gli strumenti seguenti sono previsti dalla strategia:

- Lineeguida per la stesura di politiche e strumenti correlati (che facilitino il rafforzamento comunitario) che il parlamento dovrà promulgare;
- Analisi e consulenza sui requisiti necessari al decentramento dell'autorità e dell'economia per il supporto della gestione comunitaria;
- Assistenza nella riforma delle leggi fondiarie, sulla proprietà terriera, sulle pratiche terriere che faciliteranno l'aumento di servizi nella gestione comunitaria, assicureranno il rispetto dei diritti umani relativi al genere e alle minoranze e rafforzeranno le leggi che garantiscono un equo accesso alla proprietà e alla terra;
- Supporto affinché i ministri si occupino di politiche, definizione di standard, procedure e linee guida e per lasciare l'implementazione, il reclutamento, la pianificazione, il processo decisionale e la gestione ai distretti;
- Assistenza nella definizione e il raggiungimento di una status legale e di una autorità da parte delle organizzazioni comunitarie;
- Stabilimento di meccanismi legali e processuali per il flusso di informazione dal territorio alle municipaità e dalle organizzazioni comunitarie alle autorità locali;
- Supporto pe la sensibilizzazione e l'impegno pubblico su queste politiche e questioni legali;

- Assistenza alle istituzioni pubbliche, comprese università e istituti di formazione, per riscrivere e modificare i curricula in modo da comprendere i metodi partecipativi e le questioni sopra discusse;

Il supporto e l'assistenza al governo centrale, per portarlo a modifiche legislative, regolamentari e procedurali, è solo una parte della formazione di un ambiente favorevole al rafforzamento comunitario e all'eliminazione della povertà.

Deve acompagnarsi a un'assistenza complementare rivolta alle autorità distrettuali e locali che sono più vicine alle comunità destinatarie, e alle organizzazioni non governative, che sono anch'esse parte dell'ambiente sociale, economico e politico delle comunità.

8.6.2 Ruolo delle amministrazioni distrettuali e locali

Quando un governo centrale devolve delle autorità, il processo decisionale e il controllo finanziario ai distretti, le capacità di queste amministrazioni e governi locali devono essere a loro volta rafforzate. Se deve esserci una decentralizzazione, non deve essere una decentralizzazione di regime.

Oltre ad ottenere maggiori competenze (e risorse umane competenti) le autorità distrettuali devono anche essere avvicinate alla progettazione e gestione partecipativa, a competenze di dialogo e mediazione con le comunità e ad altri elementi che contribuiscono a formare un ambiente favorevole.

La strategia prevede:

- Sostegno alla progettazione e gestione partecipativa a livello distrettuale e locale;
- Formazione di competenze in progettazione e gestione partecipativa;
- Linee guida per lo sviluppo di leggi, regolamenti e procedure locali;
- Creazione di contesti che permettano il lavoro in rete e la condivisione di esperienze con altri distretti e paesi.

A livello distrettuale (o equivalenti), ci sono tre tipi principali di persone che hanno influenza sulle comunità e che sono gli obbiettivi dell'incoraggiamento e della formazione ai metodi partecipativi:

- impiegati distrettuali civili,
- leader e pilotici distrettuali e
- specialisti tecnici (spesso chiamati "tecnocrati" dal momento che la fonte della loro autorità e influenza risiede nella loro professionalità tecnica).

Il modo in cui questi passano dall'essere "fornitori" a "mediatori" varia a seconda della fonte del loro potere.

8.6.3 L'ambiente non governativo

Le stesse ONG devono operare in un contesto perlopiù deciso dal governo, ma possono anche essere parte dell'ambiente della comunità nel suo insieme, a seconda delle leggi e delle pratiche che permettono loro di operare. Se queste possono lavorare in un ambiente di serena tolleranza, queste possono avere una grande influenza nello sviluppo partecipativo.

Queste hanno comunque bisogno di un coordinamento per non sovrapporsi e ostacolare un approccio integrato volto allo sviluppo del paese. le ONG internazionali hanno, come maggiore contributo da dare, le risorse (soprattutto finanziarie e tecniche), mentre le ONg locali e nazionali contribuiscono al processo di impegno civile democratico, specialmente per quanto riguarda la difesa e i diritti umani.

La strategia prevede:

- Forum per la creazione e la revisione comune di linee guida per le operazioni delle ONG e delle organizzazioni comunitarie;
- Forum per il lavoro di rete e il dialogo tra le ONG, le organizzazioni comunitarie e i governi centrale e locale.
- Accordi su metodi di rafforzamento e di eliminazione della povertà sostenibili e coerenti;
- Accordi per un'assistenza finanziaria e tecnica tra le ONG internazionali e locali; e
- L'assistenza nell'incoraggiamento e nella formazione miranti al rafforzamento comunitario e all'eliminazione della povertà attraveso metodi partecipativi.

L'obiettivo generale è un ambiente che porti le ONG in una forma di partnership con tutti i livelli governativi, con le comunità e con il settore privato, enfatizzando i loro rispettivi punti di forza nel contribuire ad uno sviluppo sociale sostenibile per le comunità a basso reddito e per l'eliminazione della povertà.

In breve:

La strategia di gestione comunitaria mirata al rafforzamento delle comunità a basso reddito e all'eliminazione della povertà si compone di tre parti principali:

- rafforzamento comunitario,
- formazione gestionale e creazione di un ambiente favorevole.

Queste tre parti vanno applicate insieme, si integrano l'un l'altra, e sono modificabili in base alla situazione.

9 GLI ELEMENTI IN DETTAGLIO DELLA STRATEGIA

Questo documento descrive la strategia nel suo complesso, fornendo le caratteristiche e le relazioni tra i vari elementi della strategia.

9.1 LE TRE FASI PRINCIPALI DELLA STRATEGIA

Le tre fasi della strategia sono :

- stimolazione della partecipazione comunitaria,
- formazione alla gestione e
- creazione di un ambiente favorevole, sono passate in rasegna in questa introduzione e affrontate in dettaglio nelle tre parti successive.

9.1.1   Elemento A: Partecipazione Comunitaria

Si tratta di un ciclo di intervento standard, chiamato anche ciclo di problem solving, ciclo di mobilitazione o ciclo di sviluppo comunitario. La partecipazione comunitaria non è di norma spontanea. Essa implica la presenza di mobilitatori formati per questo lavoro (intervento) nella comunità.

Il processo essenziale è più o meno il seguente: tu (mobilitatore) devi innanzitutto ottenere il permesso e l'autorizzazione a svolgere il tuo lavoro. A quel punto inizia a sensibilizzare la comunità sui problemi esistenti.

Attenzione a non far credere alle persone che risolverai i loro problemi; anzi, sottolinea che la comunità possiede le risorse atte a superare i problemi da sola. Tutto ciò di cui la comunità ha bisogno è la volontà, e magari qualche nozione gestionale che puoi fornirle. Faciliterai la coesione comunitaria, che dovrà valutare e trovare soluzioni comuni per un obiettivo prioritario. Li aiuterai a organizzare un consiglio amministrativo, o a rivitalizzare uno esistente. Li aiuterai a creare un piano d'azione e un progetto. Li incoraggerai sottolineando il lavoro che loro, e non tu, hanno svolto, assicurandoti che esso sia trasparente, monitorato e registrato. Festeggerai con loro i risultati e li aiuterai a valutarli.

La seconda fase riconsidera il processo dall'inizio, per questo è chiamato ciclo. La seconda volta la comunità sarà più forte e avrà maggior fiducia in se stessa; è anche probabile che tu abbia individuato mobilitatori locali capaci di supportare il ciclo mano a mano che tu ti ritiri.

9.1.2 Elemento B: Gestione Comunitaria

Si tratta della combinazione di due metodi, la formazione gestionale e l'organizzazione sindacale. La formazione gestionale è stata inizialmente pensata per il personale dirigente di alto livello delle grandi società, allo scopo di rendere l'organizzazione e i processi decisionali più efficaci e vantaggiosi.

Questa è stata poi reinterpretata come un supporto per qualsiasi tipo di organizzazione che preveda delle decisioni. Viene così applicata alle comunità accanto al ciclo di sviluppo comunitario.

Si incentra su quattro domande chiave:

- "Che cosa abbiamo?"
- "Cosa vogliamo?"
- "Come usiamo ciò che abbiamo per ottenere ciò che vogliamo?" e
- "Cosa accadrà quando lo faremo...?"

Basandosi su tecniche di brainstorming strutturato, il mediatore può ottenere dai manager, in modo non critico e non minaccioso, la riorganizzazione strutturale necessaria per migliorare efficienza e capacità.

L'organizzazione sindacale, al contrario, è stata sviluppata insieme al movimento sindacale per far sì che i lavoratori si unissero, potenziassero le loro capacità e lottassero per i loro diritti (es. migliori condizioni lavorative, paghe e vantaggi). La combinazione di questi due dà come risultato una metodologia di formazione che va ben al di là del trasferimento di competenùze, mirata al potenziamento attraverso la riorganizzazione.

9.1.3   Elemento C: Ambiente favorevole

Ogni comunità è inserita in un ambiente politico, amministrativo, sociale ed economico. Questo è costituito soprattutto da leggi, regolamenti, procedure, pratiche, informazioni e atteggiamenti.

I tre punti focali dell'ambiente sono :

- amministrazione centrale,
- amministrazione regionale o locale e
- organizzazioni non governative.

Ognuno di essi influisce sulla comunità in modi diversi.

Le differenze tra i diversi Paesi, e all'interno di ognuno di essi, sono enormi, la strategia deve quindi essere molto flessibile in modo da tener conto di queste variazioni.

La strategia mira a modificare l'ambiente in modo da renderlo favorevole al potenziamento delle comunità a basso reddito, all'eradicazione della povertà, compresa la messa in atto di strategie di sviluppo basate sull'auto aiuto, alla legalità e legittimazione di organizzazioni comunitarie, alla disponibilità di credito per gli investimenti di privati a basso reddito o di comunità (servizi e risorse per le comunità).

Questo implica supporto, sostegno professionale e finanziario, creazione di linee guida, documenti, formazione, lavoro in rete e condivisione di esperienze ed obiettivi a livello internazionale ed intranazionale con l'obiettivo di modificare leggi, regolamenti, procedure, pratiche e atteggiamenti.

9.2 Modifiche alla Strategia

I fattori che comportano delle modifiche alla strategia sono qui di seguito analizzati.

- Grado e natura dell'attivazione ambientale

Se l'ambiente è favorevole al potenziamento e alla riduzione della povertà, la strategia può concentrarsi maggiormente sulle prime due fasi. Qualora ci sia un'amministrazione più gerarchizzata e centralizzata, sarà necessario concentrare gli sforzi sulla terza parte, anche in collaborazione con altre agenzie (assistenza bilaterale), e su altre iniziative. Quando vi sono poche o nessuna ONG locale o internazionale, la strategia sarà quella di promuoverne la creazione, l'accettazione e la capacità di operare.

- Attuale livello e tipo di partecipazione comunitaria

Se c'è una buona partecipazione, la strategia si concentrerà più sulla formazione gestionale (assumendo che anche l'ambiente sia favorevole). Qualora la partecipazione comunitaria non fosse praticata e non pienamente compresa, la strategia sarà focalizzata sui metodi (è l'esempio del programma di partecipazione comunitaria di AFRICAN PLAN® in Africa).

- Livello di urbanizzazione, etereogeneità etnica e servizi cittadini

Laddove l'urbanizzazione è rapida o avanzata, come in molte parti dell'Africa, il ciclo di mobilitazione per il potenziamento comunitario, di stampo rurale, deve essere adattato. Se la popolazione è meno coesa (multiproprietà, migranti in transito, eterogeneità linguistica ed etnica, esistenza di servizi urbani avanzati, spesso gratuiti, nelle vicinanze), la strategia punterà maggiormente sulla difesa, sui diritti dei residenti, sulla prevenzione dei crimini, sulla costruzione del consenso e sui servizi sociali rispetto alla costruzione e al supporto di servizi per le comunità rurali.

- I livelli di consenso e unità all'interno della comunità

Il consenso e l'unità all'interno della comunità sono requisiti indispensabili per stabilire le priorità; se questi sono carenti, devono essere costruiti prima di determinare gli obiettivi e di iniziare la formazione gestionale. Qualora tali prerequisiti siano presenti, saranno la base per il ciclo di mobilitazione e di risoluzione dei problemi.

- Principali caratteristiche tecnologiche ed economiche (pesca, agricoltura, industria, commercio, ecc.)

Dal momento che tecnologia ed economia influiscono sull'organizzazione sociale (i pastori nomadi, ad esempio, seguono un'organizzazione e delle pratiche diverse dalle comunità basate sulla pesca, agricoltura, commercio o industria), il ciclo di mobilitazione e la formazione gestionale deve essere flessibile e modificabile in modo da essere sensibile e adattabile a tali variazioni. La formazione dei mobilitatori e dagli educatori gestionali deve prevedere la capacità di osservazione ed analisi della natura e del funzionamento della comunità di intervento.

- Il livello e la natura delle capacità gestionali e organizzative

Laddove le capacità gestionali e organizzative sono già presenti nella comunità, la formazione gestionale punterà sulle quattro domande chiave come strumento per la riorganizzazione mirata all'accrescimento dell'efficacia (ricostruzione piuttosto che costruzione delle capacità). Sarà quindi parte della responsabilità dei formatori quella di osservare, analizzare ed essere sensibili a queste variazioni, e quella di saper adeguare in maniera appropriata la loro formazione.

- La natura, lo status e l'influenza delle ONG

Le ONG possono essere :

- locali o nazionali, o
- internazionali.

Nel promuovere l'impegno civile e la partecipazione comunitaria, la creazione e il rafforzamento di ONG locali possono costituire un canale utile alla crescita del coinvolgimento dei cittadini. Se ci sono ONG internazionali che portano competenze e fondi e che mirano a stimolare l'autostima della comunità, esse possono costituire una risorsa preziosa per incrementare e completare gli sforzi governativi. La strategia deve quindi valutare l'esistenza, le attività, la legalità, la legittimità, il livello di accettazione, l'impatto e l'influenza di entrambe i tipi di ONG, e adattarsi di conseguenza.

9.3 FORMAZIONE

La strategia prevede un tipo di formazione (per il trasferimento di competenze, la sensibilizzazione, la diffusione di informazioni e la riorganizzazione) che deve essere:

- non formale (rilassata, informale, pensata per persone adulte, amichevole);
- non ortodossa (slegata da pratiche e preconcetti convenzionali);
- guidata dai destinatari (basata su e sensibile ai bisogni percepiti ed espressi dei partecipanti, anche stimolati dal mediatore, dal mobilitatore o dal formatore);
- sul luogo di lavoro (dove avviene l'azione, pertinente al tema di studio);
- basata sul contesto (basata sulle azioni e sui bisogni relativi alla fase specifica);
- non in aula (per quanto sia possibile, deve svolgersi fuori dall'aula);
- non accademica (enfatizzare sull'azione e sulla partecipazione più che sull'ascolto di lezioni e presentazioni);
- coinvolgente (il docente deve stimolare i partecipanti a rispondere alle domande); e
- partecipativa (i partecipanti non devono essere un pubblico passivo, ma gli attori principali della formazione).

9.4 PARITÀ TRA I SESSI

La parità tra i sessi non riguarda soltanto le donne, ma le relazioni tra uomini e donne e la piena partecipazione di entrambi, a prescindere dalle loro caratteristiche biologiche e sociali. Non si tratta semplicemente di un atteggiamento politicamente corretto a favore dei diritti umani, ma un approccio pragmatico basato sulla realtà.

L'esperienza dimostra che laddove le donne partecipano a programmi di produzione di ricchezza, iniziative di difesa, attività comunitarie, esse portano con loro un bagaglio di caratteristiche che migliorano il processo molto più di quanto sarebbero in grado di fare gli uomini da soli. Inoltre, l'economia non può funzionare in modo ottimale se la metà della popolazione viene sistematicamente esclusa.

Una simile emarginazione ostacola anche la buona amministrazione. Se la cultura è viva, essa deve allora crescere e cambiare. Una cultura statica e senza cambiamenti è una cultura che muore.

Approcci attivi e anti-discriminatori miranti alla parità tra i sessi non significano necessariamente un'opposizione alla cultura; essi devono aiutare le culture a rafforzarsi, adattarsi e sopravvivere.

9.5 PARTE A: PARTECIPAZIONE COMUNITARIA

La partecipazione di tutti i membri della comunità interessata (senza distinzioni di tipo biologico o sociale) è un elemento essenziale per la riduzione della povertà e il rafforzamento comunitario. Parlando di "partecipazione", si intende qui il coinvolgimento dell'intera comunità (e non soltanto alcune parti di essa) nel controllo e nei processi decisionali.

Le decisioni chiave da prendere e il controllo da esercitare riguardano:

- la valutazione di situazioni (bisogni e potenzialità);
- la determinazione delle priorità (e fissazione di conseguenti obiettivi);
- la pianificazione (programmi di azione comunitaria, progettazione);
- la loro implementazione, monitoraggio e valutazione dei risultati.

La comunità tutta ne è responsabile (la responsabilità non va infatti attribuita ad una terza parte).

La partecipazione attraverso risorse (in donazioni, lavoro, approvvigionamenti, ecc.), il dialogo e il confronto con agenzie esterne va incoraggiato, nonostante quando in questo contesto si parla di "partecipazione" si intende qualcosa di molto più ampio tanto rispetto al "contributo" quanto rispetto al "confronto".

9.5.1   Promozione della partecipazione comunitaria

Il ciclo di mobilitazione, detto anche ciclo di soluzione dei problemi o ciclo di sviluppo comunitario:

- Consiste in una serie di interventi che si susseguono in ordine logico e progressivo;
- Deve essere condotto da uno o più mobilitatori legittimati, autorizzati e riconosciuti;

- Utilizza l'azione comunitaria come uno strumento di rafforzamento, non come un'iniziativa fine a sé stessa;
- Richiede la conoscenza e la sensibilità da parte dei mobilitatori delle caratteristiche della comunità;
- Può essere portato avanti da un ministero, da un'autorità centrale o locale o da un'organizzazione non governativa;
- All'origine non è un'azione "dal basso", ma ha come obiettivo il rafforzamento comunitario dal basso, portato avanti dalla comunità stessa; e
- Promuove (incoraggia, difende, forma le competenze per e supporta) la partecipazione comunitaria nel controllo e nel processo decisionale di tutte le azioni che interessano tutta la comunità.

Le fasi principali del ciclo:

- Sono collegate logicamente le une alle altre e al ciclo nel suo insieme;
- Sono necessarie (l'assenza di una di esse indebolisce l'impatto dell'azione);
- Vanno iniziate nell'ordine di seguito descritto, altrimenti si rischiano sovrapposizioni e prolungamenti inutili.

9.5.2   Sensibilizzare le autorità e ottenere i permessi

I mobilitatori comunitari devono essere riconosciuti e legittimati dalle autorità, altrimenti rischiano di essere arrestati per sovversione e di avere problemi con le forze dell'ordine.

Bisogna ricordare che sono proprio le autorità ad avere il maggior interesse a mantenere un approccio "di approvvigionamento" e a temere un approccio "abilitativo", in quanto funzionari civili, ufficiali, politici, leader tradizionali e nuovi ed esperti trovano benefici immediati nel primo approccio, che diventa un mezzo per aumentare influenza, popolarità, voti, promozioni e possibilità di carriera.

La sensibilizzazione non è una semplice formalità, deve essere ben progettata ed eseguita accuratamente.

9.5.3   Sensibilizzare i membri della comunità

Prima di spingere la comunità ad agire (e quindi ad imparare e a rafforzarsi) il mobilitatore deve sensibilizzare i membri della comunità su realtà specifiche, quali:

- Se restano passivi aspettando un intervento governativo o esterno, non si libereranno del loro fardello di povertà e debolezza;
- Nessuna comunità è del tutto povera; per il solo fatto di essere composta di esseri umani ha risorse e potenzialità come lavoro, creatività, vita, desideri, capacità di sopravvivenza e tutte le caratteristiche proprie di ogni essere vivente;
- Le persone parteciperanno e aiuteranno più facilmente se tu stesso dai il tuo contributo;
- Il mobilitatore (e la sua agenzia o dipartimento) non porta risorse (finanziamenti, materiali da costruzione, tubature), egli è lì per incoraggiare ed assistere fornendo formazione e guida per la gestione.

In questa fase è importante cercare di non alimentare false aspettative e contrastare le inevitabili dicerie sul tipo di assistenza da aspettarsi.

9.5.4   Analisi situazionale e valutazione della partecipazione

Nonostante il mobilitatore sia tenuto a fare prima di tutto una valutazione delle risorse, del potenziale, degli ostacoli e dei bisogni della comunità, la strategia del ciclo di mobilitazione richiede anche una valutazione della comunità nel complesso. Questa non deve essere fatta subito, ma può essere anche portata avanti o completata dalla direzione comunitaria stessa, una volta formata ed organizzata.

Tutti i progetti e interventi futuri devono essere fatti sulla base delle osservazioni, e non sulle fantasie o sugli interessi specifici di determinati gruppi all'interno della comunità. Tanto i bisogni quanto le risorse devono essere riconosciuti da ogni membro della comunità.

9.5.5   Organizzazione dell'unità; Costruzione del consenso

Nessuna comunità è unita, le divisioni e le fazioni esistono ovunque, è solo la loro importanza a variare.

Laddove la disparità sociale è maggiore, è più difficile ottenere il consenso comunitario sul problema prioritario, e di conseguenza sull'obbiettivo primario. L'organizzazione dell'unità è un prerequisito necessario per la maggior parte degli interventi comunitari ed è indispensabile durante tutto il ciclo.

9.5.6   Definizione delle priorità, dei problemi e degli obbiettivi

Quando la comunità è sufficientemente unita, e quando tutti i gruppi sono stati coinvolti, compresi donne, disabili e tutte quelle fasce di popolazione che rischiano di non partecipare a pieno titolo alle decisioni comunitarie, è il momento di mettere in moto la popolazione. Questo implica l'identificazione del problema prioritario e la sua trasformazione in obbiettivo primario. La tecnica del brainstorming è uno degli strumenti da utilizzare.

9.5.7   Pianificare l'azione comunitaria

La comunità deve concordare gli obbiettivi da raggiungere nel periodo successivo (un anno, cinque anni, in genere un periodo conforme ai piani della regione). La pianificazione può includere anche uno o più progetti comunitari.

9.5.8   Organizzazione del Comitato Esecutivo

Dal momento che i dettagli della progettazione non possono essere discussi in incontri pubblici di centinaia di persone, è necessario, per motivi pratici, che la comunità si doti di un comitato esecutivo, da scegliere in modo da non fomentare divisioni all'interno della comunità. Il mobilitatore deve quindi conoscere ed essere sensibile ai valori e alle pratiche della comunità.

Il mobilitatore dovrà poi formare il comitato sulla progettazione partecipativa, fornire elementi di management e leadership ed evitare che esso diventi poco trasparente per il resto della comunità. Il comitato avrà il ruolo di rivedere il piano d'azione, integrarlo se necessario e preparare un progetto da sottoporre all'approvazione della comunità (utilizzando sempre i metodi di partecipazione ai quali il mobilitatore incoraggerà a ricorrere).

A questo punto, è necessario approfondire la strategia di gestione comunitaria (vedere la fase B) e integrarla nel ciclo di mobilitazione.

9.5.9   Implementazione e monitoraggio

La comunità e i suoi leader, come politici e giornalisti, saranno interessati alle azioni pratiche e ai risultati (costruzione di latrine, fornitura d'acqua, servizi sanitari e scuole) e avranno bisogno di qualcuno che ricordi loro l'importanza che il processo di monitoraggio e di rendicontazione vadano di pari passo all'azione. Questo è il momento in cui l'entusiasmo della comunità rischia di indebolirsi o di sparire del tutto, se l'azione (soprattutto dal punto di vista finanziario) non è trasparente e chiara per tutti i membri della comunità.

Mentre l'obiettivo della comunità è l'ottenimento del servizio, quello della strategia e del mobilitatore sono l'accrescimento della forza e delle capacità della comunità, l'enfasi è quindi posta sul monitoraggio e la rendicontazione (verbale e scritta).

Inoltre, a questo punto la comunità diventa maggiormente cosciente del bisogno di formazione per le particolari competenze pratiche (finanziarie, tecniche e di contabilità, stesura di rapporti). Questo è anche il momento in cui la fase B della strategia deve essere integrata con il ciclo di mobilitazione.

9.5.10   Stima e valutazione (dell'impatto)

Il monitoraggio e la rendicontazione mirano ad osservare l'azione in modo da poter apportare modifiche ed evitare di perdere di vista l'obbiettivo, questi necessitano però di essere affiancati da una più approfondita analisi e valutazione.

Si rende indispensabile valutare l'impatto dell'azione, i modi di implementazione e analizzare cosa sarebbe dovuto essere previsto. Questo lavoro porta a sua volta a ripetere il ciclo, visto che ha lo stesso scopo dell'analisi della situazione iniziale e della valutazione della comunità.

9.5.11   Ripetizione del ciclo

Non si tratta di un'azione fatta una volta per tutte ma di un processo di cambiamento sociale (sviluppo) che deve essere sostenuto.

Quando la comunità avrà raggiunto un alto livello di potenziamento rispetto a quando è iniziato il primo ciclo, esso andrà ripetuto dall'inizio. Inoltre, il mobilitatore dovrà formare un sostituto in vista di una sua eventuale partenza, e i vari mobilitatori dovranno individuare degli altri mobilitatori interni (che non useranno le tecniche di mobilitazione per scopi personali a spese del rafforzamento comunitario) alla comunità che saranno in grado di sostenere la motivazione e gli interventi una volta che i mobilitatori se ne saranno andati.

Ogni fase del ciclo di mobilitazione è legata alle fasi che la precedono e la seguono e al ciclo nel suo insieme. Le fasi si susseguono in ordine logico e funzionale. Ogni volta che il ciclo si ripete, deve basarsi sulle valutazioni fatte durante il ciclo precedente e costruirsi sui risultati già ottenuti.

9.5.12   Altri interventi di sviluppo delle capacità

Gli interventi di seguito descritti sono anch'essi parte della strategia di mobilitazione, possono però essere inseriti in diversi momenti del ciclo di mobilitazione. Questo può essere determinato dal mobilitatore, se informato e sensibile ai cambiamenti della situazione all'interno della comunità.

- Valutazione e analisi delle organizzazioni locali esistenti (consigli di anziani o di altro tipo, gruppi di donne, gruppi a rotazione, movimenti, associazioni di specifici gruppi quali i disabili o altre fasce vulnerabili) prima, durante e dopo ogni ciclo;
- Miglioramento delle organizzazioni locali (assicurando la la rappresentanza e la partecipazione nelle questioni comunitarie), promozione della partecipazione egualitaria dei generi, assistenza legale delle organizzazioni comunitarie;
- Incoraggiamento di relazioni cooperative e funzionali tra le varie organizzazioni: promozione di opportunità di coordinamento e di condivisione delle risorse comunitarie (umane, finanziarie, di fornitura e territoriali);

- Generazione di reddito e di occupazione puntando su formazione, ottenimento del credito e marketing;
- Tutela del territorio e miglioramento delle infrastrutture;
- Attività ambientali (es. promozione di una gestione comunitaria dei rifiuti che protegga le risorse naturali);
- Limitazione dei danni e gestione partecipativa delle emergenze (campi profughi, reinsediamento, riabilitazione).

Gli obiettivi della mobilitazione per lo sviluppo di una comunità possono variare da una provincia all'altra. Ad ogni modo, ci sono degli elementi comuni:

- eliminazione della povertà,
- buon governo,
- cambiamento dell'organizzazione sociale (sviluppo),
- sviluppo delle competenze comunitarie,
- rafforzamento di gruppi a basso reddito ed emarginati,
- uguaglianza di genere.

9.6 FASE B: GESTIONE COMUNITARIA

La caratteristica principale della "formazione per la gestione comunitaria" va ben al di là della formazione in senso tradizionale (trasferimento di competenze ai discenti, sensibilizzazione, informazione e incoraggiamento), in primo luogo, essa include il rafforzamento delle capacità organizzative.

Laddove non esiste alcuna organizzazione, si creano nuove strutture pensate per l'ottenimento dei risultati che la comunità vuole raggiungere; se invece qualche tipo di organizzazione già esiste, questa va ristrutturata in modo da migliorarne l'efficacia nell'ottenimento dei risultati fissati dalla comunità.

L'organizzazione si costruisce sulle quattro domande chiave (Cosa vogliamo? Cosa abbiamo? Come possiamo utilizzare al meglio ciò che abbiamo per ottenere ciò che vogliamo? Cosa accadrebbe se...?)

9.6.1   Formazione alla gestione comunitaria

La formazione gestionale per il potenziamento della comunità è legata alla promozione della partecipazione comunitaria e al ciclo di mobilitazione. La formazione è pensata per l'organizzazione e il trasferimento di competenze.

9.6.2   Organizzazione della comunità e della sua amministrazione per la presa di decisioni

La formazione del consiglio amministrativo deve svolgersi durante un incontro con tutti i membri della comunità. Il mobilitatore dovrà scoraggiare ogni indicazione su chi deve essere scelto, spiegando le caratteristiche necessarie della persona più adatta a svolgere ogni ruolo, specialmente quello del tesoriere (in questo caso ad esempio, l'affidabilità è più rilevante dell'istruzione).

Una volta formato il consiglio, il mobilitatore forma o organizza la formazione dei suoi membri sulla progettazione partecipativa, leadership e tecniche di management. L'enfasi andrà sulla trasparenza, di modo che l'intera comunità abbia la possibilità di partecipare alle decisioni più importanti del consiglio e abbia pieno accesso a qualsiasi tipo di informazione, soprattutto finanziaria. Ulteriori informazioni sulle tecniche di brainstormingpossono essere qui fornite.

9.6.3   Formazione gestionale: Le quattro domande chiave

Esistono due tipi di organizzazione:

- organizzazione finalizzata al processo decisionale e
- organizzazione finalizzata all'efficacia dell'azione.

Quanto sopra descritto si riferisce all'organizzazione finalizzata alla presa di decisioni che coinvolgono l'intera comunità. Tratteremo ora dell'organizzazione mirata all'efficacia dell'azione (ruoli, tempi, quantità, azioni, responsabilità per il progetto scelto o per qualsiasi altra azione comunitaria).

L'organizzazione si fonda sulle quattro domande chiave sulla gestione. Queste non servono solo per la pianificazione, ma anche per le strategia comunitarie e per la divisione del lavoro. Questa è l'organizzazione finalizzata all'azione.

9.6.4   Progettazione e organizzazione

La progettazione deve essere discussa accuratamente dal consiglio amministrativo, per poi essere presentata all'intera comunità per qualsiasi modifica necessaria e successiva approvazione. Questa include:

- L'identificazione del problema prioritario;
- La fissazione dell'obbiettivo (la soluzione generale al problema identificato)
- La determinazione degli obbiettivi specifici (basati sull'obbiettivo generale, questi sono "SMART" — specifici, misurabili, arrivabili, realistici, and temporalmente limitati. Devono essere limitati, verificabili, quantificabili e legati al tempo;
- Identificazione delle risorse esistenti e potenziali (interne ed esterne alla comunità);
- Identificazione dei limiti e dei possibili mezzi per superarli;
- Valutazione di diverse possibili strategie e selezione della migliore tra queste;
- Capire come deve essere monitorato il progetto, in tutte le sue fasi e da tutti i soggetti interessati.

9.6.5   Allegati alla progettazione comunitaria

Possono essere allegati alcuni documenti quali:

- Budget (indicante tutte le entrate, le donazioni non monetarie e le spese);
- Timesheet o grafico;
- Qualsiasi altro dettaglio da aggiungere a quelli già menzionati;
- Lite (es. membri del consiglio amministrativo, ruoli, frequenza, ecc.).

Il progetto deve essere scritto e delle copie vanno ai membri del consiglio amministrativo, a disposizione del pubblico, ai progettisti regionali o distrettuali e all'amministrazione. Il format del progetto può anche essere usato come:

- Proposte per finanziamenti esterni,
- da presentare ai possibili donatori.

Il mobilitatore non dovrà scrivere il progetto ma incoraggiare e guidare il consiglio amministrativo a farlo.

9.6.6   Sviluppo di competenze

Una volta avviato il progetto, il consiglio si rende sempre più conto della mancanza di alcune competenze manageriali e amministrative necessarie per portare avanti il progetto (competenze gestionali, finanziarie, creditizie, tecniche o di abilità). Se questo non accade, il mobilitatore può ovviamente suggerirle.

La formazione deve seguire le indicazioni sopra descritte (non-formale, facilitativa, sul lavoro), deve essere attinente all'azione comunitaria scelta e appropriata per la fase del progetto o del ciclo di mobilitazione.

9.6.7   Monitoraggio e rendicontazione

La strategia indica che il monitoraggio è fondamentale, così come è fondamentale vedere quando si va in bicicletta.

Il monitoraggio viene insegnato a tutti i soggetti coinvolti, così come vengono trasferite competenze di rendicontazione scritta e orale. Vengono creati sistemi per la comunicare le informazioni sul monitoraggio di modo che il consiglio e la comunità possano apportare le dovute modifiche all'implementazione del progetto in modo da non perdere di vista l'obbiettivo.

9.6.8   Informazione sulla gestione dell'informazione

Verrà mostrato al consiglio e alla comunità della necessità che l'informazione venga gestita (raccolta, catalogata, recuperata, analizzata, utilizzata, ecc.). L'informazione necessaria è quella relativa alla gestione (flussi finanziari, status e situazioni, azioni intraprese, risultati delle azioni, ecc.). La formazione gestionale include la creazione di questi sistemi di informazione.

9.6.9 Educazione all'uguaglianza di genere

La formazione andrà oltre la sensibilizzazione politicamente corretta riguardo alle diseguaglianze di genere (e a quanto sarebbe bello se ci fosse l'uguaglianza), ma indica quanto uno sviluppo più efficiente deriverebbe da una progettazione e un'azione che tengano conto della parità di genere, e di come questo sia ottenibile nel contesto delle pratiche e degli atteggiamenti culturali esistenti.

9.6.10 Soluzione dei conflitti e costruzione del gruppo

Ogni volta che si compie un'azione o un cambiamento sociale, si generano divergenze di opinione, interessi nascosti, strategia alternative, conflitti caratteriali e divisioni strutturali. Gli esercizi di costruzione del gruppo sono pensati proprio per rispondere a questi fenomeni, minimizzare i loro effetti negativi (senza perdere l'energia positiva e il dinamismo che ne può derivare), e portare all'accordo e all'ottenimento degli obiettivi comuni.

9.6.11 Creazione di network; costruire relazioni (verticali e orizzontali)

L'empowerment è una questione di "know-who" come di "know-how". La strategia supporta il potenziamento della comunità agendo da agente per la formazione di una rete, organizzando conferenze e scambi per incoraggiare la formazione dei contatti necessari.

9.6.12 Partnership

Lo sviluppo di partnership tra il settore pubblico e il privato, le ONG, le organizzazioni comunitarie e le comunità:

Laddove le relazioni tra le comunità a basso reddito e le amministrazioni centrali e locali siano caratterizzate da considerevoli ineguaglianze (basate sull'esclusività delle informazioni e delle finanze da parte delle autorità), la strategia mirerà a creare o a rafforzare le partnership, promuovendo una maggiore uguaglianza e una relazione più bilanciata. Ampliando l'orizzonte, la strategia cercherà di fare lo stesso con altri attori del processo di sviluppo, quali le Organizzazioni Comunitarie, le ONG e i settori privato e commerciale.

9.6.13   Acquisizione di risorse; Raccolta Fondi

Esistono diverse fonti di finanziamento per le comunità, da investire nello sviluppo e nell'autogestione.

Queste includono, tra gli altri, tassazioni (quando legalmente possibile), raccolta fondi (da parte dei membri della comunità, di donatori esterni, campagne di raccolta fondi e un ampio ventaglio di altre fonti), cessione di fondi e i proventi di tasse o tariffe fisse applicate agli utenti di servizi e strutture.

9.6.14   Formazione della leadership; Creazione del gruppo

Competenze di leadership e di creazione del consenso e dell'unità sono necessarie dal momento che il processo di rafforzamento diventa sostenibile. L'incoraggiamento e la formazione di leader comunitari (a partire dal consiglio amministrativo) sono parte della strategia.

9.6.15   Formazione di microimprese e rafforzamento

La strategia mira alla riduzione della povertà attraverso

- il rafforzamento comunitario, grazie alla costruzione autonoma di strutture e servizi comunali e
- l'utilizzo di tecniche di mobilitazione per creare e sostenere micro-imprese vitali, focalizzandosi sulle donne a basso reddito e prevedendo formazione, organizzazione e un piccolo supporto economico se necessario (o collaborando con agenzie complementari).

9.6.16   Supporto alle micro-imprese

Incoraggiare la formazione di nuove imprese e il miglioramento di quelle esistenti:

Le microimprese in questa strategia sono proprio così: micro. Come per la banca Grameen, l'importo dei prestiti può variare da un minimo di 20 fino a 200 dollari. Non si tratta di un supporto finanziario per cooperative e piccole attività che richiedono prestiti superiori ai 30.000. L'enfasi è posta sulla formazione e il supporto di donne a bassissimo reddito. Se non riescono a trarre profitto da un prestito di 100 dollari, non dovranno far richiesta per prestiti superiori prima di aver seguito una formazione e aver fatto esperienza nell'avviamento di impresa.

9.6.17 Credito

Promuovere il risparmio, la rotazione del credito e la formazione e il rafforzamento dell'unione creditizia:

Gruppi di rotazione del credito sono istituzioni tradizionali in Africa. La strategia si basa su questi gruppi, facendo raccogliere il denaro accumulato e collegandolo con unioni creditizie e banche commerciali per ottenere dei prestiti da dividere tra i membri in modo da poter avviare delle micro-imprese.

9.6.18 Riparo

Costruzione e sviluppo di infrastrutture di riparo comunitarie, formazione, aggiornamento e integrazione di imprenditori privati, con particolare attenzione alle donne e ai gruppi vulnerabili:

Rispondendo al bisogno di lavoro qualificato nella costruzione di servizi comuni (parte del ciclo di mobilitazione), la formazione è rivolta alle donne e ai disabili della comunità che potranno utilizzare le loro competenze tecniche come fonte di guadagno.

9.6.19 Aggiornamento tecnico e professionale

La creazione nelle donne di competenze artigianali (carpenteria, muratura, costruzioni, ecc.) tradizionalmente associate agli uomini, è una scelta deliberata della strategia, che mira così ad incrementare il potenziale femminile e ad aiutarle e rompere le barriere di genere sul posto di lavoro.

9.6.20   Sviluppo e potenziamento dei gruppi

Il potenziamento dei gruppi esistenti (come quelli basati sulla tradizionale rotazione del credito) attraverso il trasferimento di competenze per l'ottenimento e la gestione del credito e dei risparmi e per l'avvio e la gestione di imprese funzionanti:

Obbiettivo della strategia sono le donne (e gli uomini) a basso reddito, non quegli individui che sono già in grado di ottenere credito. Essa utilizza le istituzioni tradizionali e le adatta alla creazione di ricchezza come mezzo per l'eliminazione della povertà.

9.7 STRUMENTI PER LA FORMAZIONE GESTIONALE

Di seguito vengono descritti alcuni mezzi per il miglioramento delle competenze manageriali.

9.7.1   Conferenze

Seminari e conferenze di sensibilizzazione e di informazione. Conferenze e seminari sono due cose diverse, ma ognuno di essi ha un ruolo all'interno della strategia.

Nei seminari, le presentazioni sono più tecniche, mentre nelle conferenze esse sono più indirizzate alle politiche. Sono entrambe dei fori per la condivisione di esperienze e lo sviluppo di idee e concetti nuovi che possono essere utili nel processo di potenziamento.

9.7.2   Workshop per il trasferimento di competenze

Un workshop è un luogo o un'occasione per lavorare, e non per assistere a una lezione. Un workshop deve produrre un risultato; normalmente un documento, una dichiarazione, delle linee guida, ecc.

Se si tratta di un workshop di formazione, allora i partecipanti dovranno dimostrare di aver ottenuto nuove competenze o di aver acquisito nuove capacità organizzative. Nel caso della formazione gestionale, i temi e gli output si collegano in generale alla strategia per il potenziamento comunitario e l'eliminazione della povertà.

9.7.3   Organizzazione (e Riorganizzazione) di incontri e sessioni

Questo tipo di formazione mira all'organizzazione (in contrasto col semplice trasferimento di conoscenze) specialmente per il management. Usando tecniche come il brainstorming o le quattro domande chiave, il mediatore scrive le risposte dei partecipanti in modo da utilizzarle per l'organizzazione o la riorganizzazione del gruppo decisionale o di un'azione.

9.7.4   Reti di discussione

Le reti di discussione locali, intranazionali e internazionali:

Così come la difesa di temi fondamentali che portano al potenziamento delle comunità a basso reddito e alla diminuzione della povertà, la condivisione delle esperienze e le reti di discussione con altri gruppi, partecipanti, mobilitatori e altri soggetti interessati, contribuiscono alla realizzazione di questi obbiettivi in maniera più generalizzata.

9.7.5   Informazione pubblica attraverso i media

Come parte del processo di sensibilizzazione pubblica che promuove alcuni aspetti della strategia, in tutte e tre la fasi è possibile far passare i principi attraverso i media (radio, tv, giornali), come pubblicità, approfondimenti in riviste o documentari o news. Tutte le funzioni pubbliche (celebrazioni, cerimonie, eventi fondamentali) dovrebbero prevedere, ad esempio, la presenza di giornalisti di tutti e tre i media.

9.8 LINEE GUIDA PER LA FORMAZIONE, LA STRATEGIA E LA PIANIFICAZIONE

Creazione e sviluppo di linee guida per la formazione, la strategia e la pianificazione:

Coordinatori e mobilitatori locali dovrebbero cercare di preparare materiali educativi in un inglese/spagnolo semplice e nelle lingue locali (ricorrendo ad esperti se necessario). Linee guida generali per la formazione possono essere utili per la catalogazione di idee e metodi e possono contribuire ad una generale coerenza e uniformità (utile quando le situazioni cambiano). Le linee guida possono anche essere usate come documenti da distribuire durante workshop e conferenze intranazionali e internazionali.

9.8.1   Sviluppo di materiali didattici generali e locali

Materiali didattici, basati sulla metodologia e i principi descritti nelle linee guida, devono essere scritti in un inglese semplice (o francese, spagnolo o in un'altra lingua ritenuta adatta) e nella lingua locale se necessario.

Il materiale didattico deve prevedere manuali, dispense, diapositive, documenti stampati, pagine web, guide per i formatori, video, audio, linee guida per il role-playing (gioco di ruolo), giochi, scenette e suggerimenti per la gestione d'aula.

9.8.2   Traduzione e stampa del materiale didattico nelle lingue locali

La strategia deve preparare linee guida per la produzione di questi materiali e deve finanziarne la creazione a livello locale.

9.8.3   Poster, cartelli e graffiti riproducibili

Poster, cartelloni, calendari, slogan e citazioni popolari e colorati, legati ai principi della strategia, possono essere prodotti e riprodotti per essere affissi in luoghi pubblici, uffici e nei luoghi di implementazione dei progetti comunitari.

9.8.4   Campagne, competizioni ed eventi pubblici

Eventi pubblici e altre occasioni, possono essere usate per proporre canzoni, balli, scenette e altri tipi di intrattenimento (evitando discorsi ed arringhe noiose da parte di politici o opportunisti) che spieghino i principi e i metodi della strategia per il potenziamento di comunità a basso reddito e per l'eliminazione della povertà.

9.9 FASE C: AMBIENTE FAVOREVOLE

Questa parte della strategia mira a lavorare per un ambiente amministrativo, socioeconomico e politico che incoraggi l'automiglioramento, azioni che mirino alla fiducia in sé stessi, al potenziamento comunitario e all'eliminazione della povertà da parte della comunità.

9.9.1 Linee guida per la creazione e la modifica delle politiche legislative

Supporto alle commissioni responsabili per le riforme politiche (nei settori di potenziamento comunitario):

Se aiutati, i governi possono creare o rivitalizzare delle commissioni per la produzione di documenti di policy o di riforme legislative. La strategia richiederà il supporto finanziario per gli incontri della commissione (preferibilmente tenuti a rotazione sul territorio e non soltanto nella capitale), per l'affitto dello spazio occupato, il rinfresco, i permessi giornalieri e il supporto tecnico (i tecnici e i mediatori aspirano ad ottenere gli stimoli desiderati durante gli incontri del comitato).

9.9.2 Regolamenti ministeriali

Linee guida per la creazione o la modifica di regolamenti e procedure ministeriali:

Possono essere preparati dei documenti che descrivano la strategia per supportare le commissioni o chiunque lavori alla creazione di documenti di policy, regolamenti scritti e leggi, linee guida, emendamenti legislativi.

9.9.3 Linee guida per la ONG

Linee guida dirette a e per le ONG attive nei settori comunitari:

A seconda dello status legale e del grado di accettazione delle ONG (internazionali e locali), può essere offerto ad esse supporto per essere coerenti ed integrate tra loro e con gli sforzi governativi. il supporto può prevedere assistenza finanziaria e tecnica per gli incontri, i workshop per le commissioni e la preparazione, la stampa e la distribuzione di documenti (es. linee guida).

9.9.4   Eventi di sensibilizzazione

Più il pubblico sarà informato sugli obbiettivi e i metodi della strategia, più l'ambiente sarà favorevole al cambiamento sociale nella direzione desiderata. Gli eventi possono essere conferenze, workshop, competizioni, premiazioni, giochi, scenette, musiche e campagne.

9.9.5   Azioni di informazione pubblica

Queste includono annunci su cartelloni, radio, Tv e giornali e articoli. Ai giornalisti possono essere offerte delle piccole retribuzioni per fare ricerca e scrivere articoli specifici che illustrino il processo di potenziamento e i metodi usati per la riduzione della povertà.

9.9.6   Amministrazione centrale e Attivazione

Democratizzazione, decentralizzazione politica e amministrativa, devoluzione, centralizzazione di servizi di sviluppo, modifiche a leggi, regolamenti e pratiche in modo da incoraggiare e supportare il rafforzamento comunitario e la fiducia in sé stessi. Linee guida per la realizzazione di documenti di policy e strumenti collegati (che facilitino il rafforzamento comunitario) in modo che vengano promulgati dal parlamento:

L'assistenza tecnica deve includere linee guida scritte per la preparazione dei documenti di policy, e quelle linee guida incoraggeranno un processo partecipativo e consultivo che coinvolga i soggetti interessati, un ambiente favorevole al rafforzamento comunitario, e consulenza professionale per la produzioni di documenti di policy e strumenti correlati.

9.9.7   Consulenza per la decentralizzazione

Analisi e consulenza sui requisiti necessari per decentralizzare l'autorità e sui finanziamenti necessari per supportare la gestione della comunità: consulenti esperti nell'analisi e consulenza sui processi decisionali e le implicazioni finanziarie della decentralizzazione.

9.9.8   Assistenza nella riforma delle leggi fondiarie

Le leggi fondiarie che influiscono sul processo di potenziamento comunitario sono quelle relative alla terra, ai possedimenti terrieri, all'uso della terra.

Devono diventare leggi che facilitino il miglioramento della gestione comunitaria di strutture e servizi, assicurino il rispetto dei diritti umani specialmente considerando le disparità di genere e le minoranze e favoriscano leggi giuste sui possedimenti terrieri e l'accesso alle terre:

9.9.9   Assistenza alla devoluzione

Supportare il processo di modo che i ministeri si occupino soprattutto di politiche, standard, procedure e linee guida, mentre le amministrazioni locali si interesseranno dell'implementazione, della gestione del personale operativo, della pianificazione, delle decisioni e della gestione:

Il processo di decentramento non eliminerà tutte le funzioni dei ministeri centrali; il loro ruolo si trasformerà in un ruolo di guida, creazione di politiche, di supporto professionale, mentre le funzioni operative verranno trasferite alle autorità locali. Questo richiede assistenza formativa e tecnica per le autorità locali e per i ministeri centrali affichè modifichino il loro ruolo. La strategia necessita dell'assistenza di quei ministeri che si occupano del processo di rafforzamento comunitario (es. dipartimenti di sviluppo comunitario).

9.9.10   Legittimazione delle Organizzazioni Comunitarie

Assistenza nella definizione e ottenimento di uno status legale e di un'autorità da parte delle organizzazioni comunitarie:

Il supporto consiste nell'assistenza tecnica sopracitata e nel finanziamento di incontri, workshop, nella difesa e guida nell'ottenimento di legittimazione e legalizzazione sia del processo di rafforzamento comunitario che delle organizzazioni comunitarie che ne risultano.

9.9.11 Flusso di informazioni a livello locale-comunitario

Stabilimento di meccanismi legali e processuali per il passaggio di informazione dal territorio ai comuni e dalle organizzazioni comunitarie alle autorità legali:

I sopracitati requisiti per la gestione dell'informazione necessitano di un ambiente legale e processuale operativo efficiente.

9.9.12 Sostegno

Sostegno per sensibilizzare e suscitare l'interesse dell'opinione pubblica su queste politiche e questioni legali:

Tutte le attività di informazione pubblica sopracitate, e i contenuti delle sessioni informative e di sensibilizzazione, mirano ad aumentare l'accettazione dei cambiamenti necessari delle leggi, regolamenti, procedure e comportamenti che costituiscono l'ambiente della comunità e del processo di potenziamento.

9.9.13 Sviluppare i curricula

Assistenza alle istituzioni pubbliche, comprese università e istituti di formazione, nella modifica dei curricula in modo da inserire metodi di partecipazione e le questioni summenzionate:

I professionisti dei ministeri interessati e delle ONG competenti coinvolti nelle iniziative di potenziamento comunitario e di riduzione della povertà necessitano di una formazione specializzata nel settore.

I professionisti accademici possono invece offrire un bacino di professionalità che guidi la strategia. I curricula degli istituti di formazione e delle università, che hanno bisogno di essere aggiornati di tanto in tanto, possono essere seguiti in modo da contemplare le variazioni nella strategia e nella metodologia.

Il sostegno e l'assistenza all'amministrazione centrale è intesa soprattutto a guidare la modifica di leggi, regolamenti e procedure e sostenere la creazione e lo sviluppo di un ambiente favorevole.

9.9.14   Ruolo delle amministrazioni distrettuali e locali

Supporto per la pianificazione e la gestione partecipativa a livello distrettuale e locale:

Essendo elemento fondamentale per un ambiente favorevole, le competenze delle amministrazioni locali devono essere sviluppate. Le autorità locali devono infatti ricevere elementi di pianificazone e gestione partecipativa e capacità di dialogo e facilitazione per interagire con le comunità.

9.9.15   Formazione delle competenze per la pianificazione e la gestione partecipativa

La strategia prevede la formazione delle necessarie competenze partecipative, in modo da difendere e promuovere un ambiente favorevole.

9.9.16   Legislazione locale

Linee guida per lo sviluppo di legislazioni, regolamenti e procedure locali e distrettuali:

Se un consiglio distrettuale ha l'autorità di emanare leggi o regolamenti, la strategia l'assisterà, così come assiste l'amministrazione centrale. Nel frattempo, l'amministrazione distrettuale può ricevere un'assistenza analoga nella modifica dei suoi regolamenti, procedure e atteggiamenti.

9.9.17   Lavorare in network

Contesti per lavorare in network e condividere esperienze con altri distretti e altri paesi:

Come parte della condivisione, sostegno, facilitazione dell'informazione e del trasferimento di competenze, la strategia necessita del supporto di meccanismi di network quali conferenze, workshop, seminari e incontri con altre autorità locali (e membri delle comunità), sia all'interno che all'esterno della comunità.

I tre principali tipi di persone che hanno influenza sulle comunità sono:

- Gli impiegati del distretto;
- i leader e i politici distrettuali e
- gli esperti tecnici.

Questi sono gli obbiettivi delle campagne di supporto e formazione ai metodi partecipativi.

La natura del loro cambiamento da "fornitori" a "mediatori" varia a seconda della fonte del loro potere. Parte del compito del mobilitatore e del formatore gestionale è di determinare i modi per rendere effettivi questi cambiamenti, basandosi sull'osservazione e l'analisi della situazione.

9.9.18   L'ambiente non-governativo

Le ONG hanno un ruolo importante nello sviluppo partecipativo. Hanno bisogno di essere guidate e coordinate per assicurare coerenza e sostenibilità.

Le ONG internazionali possono essere divise in due gruppi:

- quelle che forniscono aiuto, beneficienza e risposte a situazioni di emergenza e
- quelle che mirano allo sviluppo.

Entrambe hanno il loro ruolo. Le prime possono essere incoraggiate ad aggiungere ai loro obbiettivi il secondo elemento.

Molte grandi ONG internazionali comprendono entrambi gli approcci.

- Esse forniscono, come maggior contributo, risorse (soprattutto, finanziarie, tecniche e professionali);
- Spesso prevedono metodi partecipativi come parte della loro politica e

- spesso aspirano e cooperare con un governo favorevole, specialmente nell'implementazione dei principi e dei metodi previsti dalla strategia.

Il secondo tipo può essere guidato e coordinato come parte di una strategia nazionale, e all'interno dei progetti locali.

9.9.19   ONG locali e nazionali

Contribuiscono al processo democratico di impegno civile, specialmente nella difesa dei diritti umani. Sono normalmente più deboli da un punto di vista economico rispetto alle ONG internazionali ma possono essere supportate da queste ultime, dall'ONU e da donatori bilaterali;

Esse si dividono in due categorie principali:

- Organizzazioni comunitarie, piccole organizzazioni volontarie e gruppi di auto-aiuto; e
- Piccole imprese per la generazione di reddito, travestite da agenzie di volontari.

Entrambe hanno il loro ruolo nella strategia, le prime sono spesso il nostro obbiettivo per il potenziamento delle comunità a basso reddito, le seconde agiscono spesso da piccoli consulenti.

9.9.20   I forum di ONG e organizzazioni comunitarie

Forum per la creazione e la revisione partecipativa di linee guida per le operazioni delle ONG e delle organizzazioni comunitarie:

Workshop e seminari per la produzione di linee guida e per la revisione a supporto del processo di potenziamento comunitario e dell'eliminazione della povertà. Promuovere relazioni tra gli ufficiali ministeriali (responsabili della produzione di linee guida) e le ONG (che hanno il compito di seguire le linee guida).

9.9.21   Forum ONG-Governo

Forum per la creazione di un network e di un dialogo tra ONG, organizzazioni comunitarie e governi centrali e locali:

La strategia mira a rafforzare il dialogo tre le ONG, le organizzazioni comunitarie e gli ufficiali di amministrazioni centrali e distrettuali, lo scambio di informazioni, tecniche e esperienze sul rafforzamento comunitario.

9.9.22   Consenso sui metodi

Consenso su metodi di potenziamento e di eliminazione della povertà sostenibili e coerenti:

Prodotti dai due forum sopra descritti, questi documenti includono dichiarazioni, consensi, linee guida e metodi che producono un ambiente favorevole e incoraggiano la gestione autonoma della comunità e la creazione di ricchezza.

La condivisione di informazioni contribuirà ad una politica nazionale e ad un processo coerenti (ovviamente abbastanza flessibili per tener conto delle diverse situazioni e degli interventi conseguenti).

9.9.23   Accordi sull'assistenza locale e internazionale

Accordi di assistenza finanziaria e professionale tra le ONG internazionali e locali:

Prodotti anche dai due forum sopra descritti, e attraverso la mediazione di informazioni tra le ONG locali e i loro potenziali finanziatori, questi accordi mirano a creare una certa coerenza nazionale e ad assicurare che i metodi indicati nelle fasi A e B di questa strategia siano seguiti.

9.9.24   Supporto ai metodi partecipativi

Assistenza nel supporto e nella formazione per il potenziamento comunitario e l'eliminazione della povertà attraverso metodi partecipativi:

La strategia sostiene sia le ONG Internazionali che quelle locali, con, ad esempio, supporto finanziario e sessioni formative che incoraggino la coerenza, la sostenibilità e la coordinazione tra le ONG, e con le amministrazioni centrali e distrettuali coinvolte nell'eliminazione della povertà e nel rafforzamento comunitario.

La strategia mira ad un ambiente che porti le ONG e le organizzazioni comunitarie a collaborare con le amministrazioni di tutti i livelli, con le comunità e con il settore privato.

La strategia si compone di tre fasi correlate e integrate, tutte miranti al potenziamento delle comunità a basso reddito nella presa di decisioni e nell'intraprendere azioni per il loro sviluppo. La prima ha come obbiettivo la comunità stessa, e prevede la sensibilizzazione della comunità e la successiva organizzazione e mobilitazione per far sì che si impegni in attività di auto-aiuto determinate dalla comunità che decide le sue priorità.

La seconda fase porta lo sviluppo comunitario tradizionale un passo oltre e offre formazione manageriale. Questo tipo di formazione va oltre il trasferimento di competenze, e viene usato come meccanismo di ristrutturazione istituzionale tramite l'organizzazione comunitaria. La terza mira all'ambiente politico ed amministrativo in cui si trova la comunità e assiste le amministrazioni e le autorità centrali e locali, e le agenzie non governative, a creare una maggiore fiducia in sé stessi e partecipazione nelle comunità.

Il materiale didattico di queste pagine è indirizzato ai soggetti interessati al processo interno alla strategia.

10 LE QUATTRO DOMANDE CHIAVE NELLA GESTIONE E PIANIFICAZIONE

10.1 IL NUCLEO ESSENZIALE DELLA GESTIONE E DELLA PIANIFICAZIONE

Dirigere, come attività, significa prendere decisioni e risolvere problematiche. Le risposte essenziali alle questioni di gestione e pianificazione possono essere trovate nelle quattro domande chiave.

Queste quattro domande sono:

- Cosa vogliamo?
- Cosa abbiamo?
- Come utilizzare ciò che si ha per ottenere ciò che si vuole?
- Cosa accadrà quando lo otterremo?

Se guardiamo attentamente, sono le quattro domande incluse (forse distinte per quanto riguarda la loro elaborazione) in ogni documento riguardante la progettazione ed il cosiddetto "brainstorming".

Se i problemi vengono risolti solamente dopo che nascono e diventano pressanti si parla di "gestione per la crisi" ed è meglio di una non-gestione dopo tutto. Se, al contrario, dei chiari obiettivi vengono identificati, e le azioni richieste per raggiungere questi obiettivi sono chiare e portate a termine si parla di "gestione per obiettivi." Potenzialmente si possono prevedere i problemi e risolverli prima che nascano. La gestione per obiettivi è, di fatto, più efficace e meno stressante di quella "per crisi."

Sia che il gruppo da sviluppare sia piccolo o grande, sia che sia strutturato come una comunità o che abbia una organizzazione vaga, la sua capacità sarà migliorata se si cerca di dare una risposta a queste quattro domande.

Se non ci fossero problemi non si dovrebbero risolvere e non ci sarebbe bisogno di una gestione degli stessi. Ci sono sempre problemi: è la vita. La gestione è troppo importante per essere lasciata ai "direttori"; deve diventare una responsabilità di tutti. Se così fosse, tutti dovrebbero essere a conoscenza di queste quattro domande: e tutti dovrebbero contribuire a fornire delle risposte.

<u>Cosa Vogliamo?</u>

"Qual è il problema principale che deve essere risolto?" La domanda "Cosa vogliamo?" rispecchia la descrizione del problema ed, inoltre, gli obiettivi e le mete che ci si pone per ottenerne la soluzione. Utilizzando una metafora geografica si può anche dire "Dove vogliamo arrivare?"

L'organizzazione o la comunità deve avere una visione comunitaria di ciò che vuole. Non deve essere nulla di fisico, come una latrina o l'elettricità; potrebbero essere delle nuove leggi, dei nuovi atteggiamenti verso l'esterno, una più chiara conoscenza dell'esterno stesso, un cambiamento di abitudini, una nuova organizzazione, aumentare il profitto di una organizzazione commerciale, salari migliori per i membri, il cambiamento dei metodi o della partecipazione dei membri all'interno di una organizzazione no-profit, o qualunque obiettivo che implica un miglioramento (ad esempio la qualità della vita) per tutto il gruppo.

Gli obiettivi e le mete dovrebbero essere identificati in tutti i progetti e documenti di pianificazione; questo è generalmente ben noto. Dovrebbero inoltre essere scelti, capiti e approvati per consenso da tutti i membri del gruppo, comunità od organizzazione, nelle attività quotidiane.

Nella gestione formativa delle comunità la domanda "Cosa vogliamo?" deve essere risolta dalla comunità per intero, non da un solo uomo, non da un solo erudito o da persone di rilievo, ma da tutta la comunità, per consenso.

<u>Cosa Abbiamo?</u>

La domanda "Cosa abbiamo?" identifica le risorse e i potenziali imput che possono essere usati per raggiungere gli obiettivi e le mete preposte. Una metafora geografica può essere "Dove siamo ora?" Ciò comporta che la situazione corrente deve essere osservata, analizzata e discussa. (Questo è chamato "analisi della situazione"). Implica l'ottenimento di una chiara analisi di tutte le risorse, delle perdite, dei vantaggi e degli svantaggi (potenziali e realizzati), e una valida e verificabile immagine della situazione.

Nella gestione formativa delle comunità, questo tipo di identificazione è meglio ottenibile in incontri in cui anche la parte più silenziosa è incoraggiata ad esprimersi e a partecipare, perchè ci sono enormi risorse in ogni comunità, anche le più povere, che sono nascoste ed in genere non così ovvie. Un abile coordinatore è un grado di identificare, dall'incontro con una comunità, molteplici risorse nascoste.

Forza lavoro ed esperienza possono essere incluse nella risorse (come energia umana pronta per essere impiegata nelle attività), terreno e spazi che posso essere la base delle attività, denaro (tramite finanziamenti, vendite, donazioni o altre risorse). Il capitale (equipaggiamento che potrà essere riutilizzato e strumenti di lavoro) può facilmente portare avanti l'attività, mentre le risorse umane intellettuali (come informazioni, abilità particolari, esperienza, capacità analitiche, creatività) sono spesso un contributo importante dato dagli anziani, dai disabili o dai socialmente alienati spesso non considerato.

L'analisi della situazione significa osservare attentamente ed in modo completo delle condizioni presenti in modo da stabilire cosa sarà in grado di contribuire ad ottenere lo scopo prefissatosi e cosa meno.

<u>Come utilizzare ciò che si ha per ottenere ciò che si vuole?</u>

La domanda "Come ottenere ciò che si vuole con ciò che si ha?" è la strategia del metodo di gestione. Come ottenere "B" da "A". Ci sono spesso modi diversi per combinare le risorse disponibili e le risorse intellettuali (menzionate sopra) possono essere impiegate per identificare diverse strategie e scegliere la più appropriata.

E' nel metodo di determinazione su come ottenere "B" da "A" che la comunità, guidata da una guida appropriata, deve creare una strategia d'azione. Il piano scritto includerà la risposte alle quattro domande. La parte creativa, innovativa e analitica del lavoro genererà diverse possibili strategie e sceglierà le più attuabili tra le stesse.

Anche qui c'è la possibilità di organizzare o riorganizzare il metodo di decisione e di azione. Se si tratta di un gruppo di individui non organizzati, allora, in moda da ottemperare agli obiettivi postici la strategia si devi indirizzare nella metodologia per la quale essi riescano a costituirsi come un gruppo organizzato e capace di portare a termine le attività necessarie.

Se il gruppo, organizzazione o comunità, è già organizzata in un qualche modo, i suoi membri, aiutati da un coordinatore, devono chiedersi se l'organizzazione corrente è il metodo migliore per raggiungere le mete che ci si è posti e se non deve essere considerato un cambio di struttura. Per un coordinatore di comunità compiere della gestione formativa è l'opportunità di guidare una comunità nella formazione o ri-formazione di se stessa in moda da renderla più efficace ed in grado di ottenere ciò che vogliono con ciò che hanno.

Cosa accadrà quando lo otterremo?

E' importante che prima di effettuare qualsiasi azione il gruppo faccia delle previsioni realistiche riguardo al risultato che porterà la strategia che si intraprenderà. Sicuramente ci saranno delle conseguenze inaspettate ma bisogna fare ogni sforzo possibile per identificare tutte le conseguenze possibili in moda da evitare sorprese.

E' qui che il gruppo deve essere a conoscenza dell'importanza della supervisione. Non si può guidare una bicicletta con gli occhi bendati. L'intera azione deve essere intrapresa monitorando ogni atto compiuto e le sue conseguenze che devono essere riportate al gruppo intero.

La domanda "Cosa succederà quando lo otterremo?" pone sul piano la previsione dell'impatto delle azioni che si svolgeranno. Tutto ciò può essere espanso alle questioni interne alla comunità e a come le azioni intraprese la influenzeranno (fisicamente ed intellettualmente).

Queste quattro domande devono essere usate dai lavoratori sul campo come base per l'organizzazione, la riorganizzazione del gruppo. Allo stesso modo posso essere utilizzate dai direttori formativi per organizzare o riorganizzare un team di gestione. Un coordinatore può utilizzarle per organizzare il gruppo dei lavoratori sul campo. Insieme sono la base per costruire e gestire le capacità e la forza dei partecipanti.

Nella gestione formativa delle comunità, il nucleo delle quattro domande deve essere posto all'attenzione della comunità stessa quando vengono decise le priorità, quando il comitato esecutivo del CBO si riunirà per decidere i dettagli dell'azione che verrà intrapresa. Se si guarda attentamente si noterà che le quattro domande si nascondono anche in due documenti: il brainstorming e la progettazione.

Sia che vengano richieste per organizzare una cooperazione commerciale, o nella gestione dell'incontro tra i capi di comunità benestanti (o, in questo contesto, nel miglioramento della vita di comunità a basso rendimento), costituiscono il nucleo essenziale della gestione.

Questa non è la gestione formativa per direttori. Questa è gestione formativa per tutti.

11 GLI ELEMENTI DEL RAFFORZAMENTO DI UNA COMUNITÀ AFRICANA

Descrizione dei sedici elementi della capacità, della forza e dell'empowerment.

L'empowerment della comunità africana non riguarda solo la legittimazione dei suoi membri a partecipare al sistema politico nazionale ma anche la loro capacità di decidere e agire per realizzare i loro programmi.

L'empowerment è quindi il processo con cui la comunità sviluppa e rafforza le proprie capacità; questo cambiamento si manifesta attraverso i sedici elementi che presentiamo di seguito.

Altruismo

Riguarda la misura in cui gli individui sono disponibili a sacrificare benefici personali per il beneficio dell'intera comunità. Si riflette in atteggiamenti quali generosità, umiltà, orgoglio collettivo, solidarietà, lealtà, attenzione, cameratismo, fratellanza.

Più una comunità diventa altruista più acquisisce capacità. La comunità che tollera comportamenti avidi ed egoisti da parte di singoli, famiglie o gruppi, a discapito della comunità stessa, si indebolisce.

Valori comuni

Riguarda il grado con cui una comunità condivide gli stessi valori e il senso di appartenenza ad un'entità comune i cui interessi superano quelli dei singoli membri.

Una comunità è tanto più forte quanto maggiore è il grado di condivisione, o almeno di comprensione e tolleranza, dei valori e dei comportamenti altrui. Razzismo, pregiudizio e atteggiamenti bigotti invece la indeboliscono.

Servizi collettivi

Si tratta delle strutture di servizio degli insediamenti umani (come le strade, mercanti, acqua potabile, accesso all'istruzione, servizi sanitari), lo stato di manutenzione, la sostenibilità e l'accessibilità da parte dei singoli membri della comunità.

Maggiore è l'accessibilità dei membri della comunità alle infrastrutture e ai servizi collettivi (che comprendono attrezzature da ufficio, strumenti, forniture, accesso alle strutture sanitarie, accesso alle strutture lavorative, infrastrutture fisiche), maggiore è il loro grado di empowerment.

Comunicazione

La comunicazione, all'interno e all'esterno della comunità, comprende strade, mezzi elettronici (telefono, radio, tv, internet), stampa (quotidiani, riviste, libri), reti, lingue conosciute e comprese, grado di alfabetizzazione e capacità e disponibilità a comunicare (che comprende tatto, diplomazia, disponibilità a parlare e a ascoltare).

Una comunità si rafforza quando migliora la sua capacità di comunicare (in un contesto organizzato ci si riferisce agli strumenti di comunicazione, dei metodi e delle pratiche disponibili). Se la comunicazione è povera la comunità o l'organizzazione è debole.

Sicurezza nel prendere decisioni

Quanta sicurezza nel prendere decisioni manifesta una comunità nel suo insieme? Facciamo per esempio riferimento a quanto una comunità sa di poter conseguire i propri obiettivi.

L'atteggiamento positivo, la disponibilità, la capacità di automotivarsi, l'entusiasmo, l'ottimismo, la percezione della propria efficacia anziché dipendenza, la disponibilità a combattere per i propri diritti, il rifiuto dell'apatia e del fatalismo, la visione di ciò che è possibile. Più una comunità manifesta sicurezza nell'assumere decisioni, maggiore è la sua forza.

Contesto (politico e amministrativo)

Una comunità può rafforzarsi in modo duraturo anche grazie all'esistenza di un ambiente circostante che la sostiene. Il contesto riguarda :

- l'ambiente politico (che comprende il valore gli atteggiamenti dei capi e della legislazione nazionale) e
- l'ambiente amministrativo (atteggiamento dei pubblici ufficiali e dei tecnici, procedure e regole di governo).

Quando politici, capi, tecnocrati e ufficiali pubblici agiscono con leggi e regolamentazioni in modo troppo conservativo la comunità è debole, ma si rafforza se ne facilitano l'autonomia e lo sviluppo. Le comunità diventano quindi più forti nei contesti in cui sono incoraggiate a diventare più intraprendenti.

Informazioni

La forza di una comunità dipende anche dalle informazioni a cui ha accesso, non solo dalla quantità ma soprattutto dalla qualità. Questa, a sua volta dipende dalla capacità delle persone chiave e del gruppo nel suo insieme di elaborarle, analizzarle e interpretarle, cioè dal loro livello di consapevolezza e conoscenza.

La comunità si rafforza quando l'informazione, più che abbondante, è efficace e utile (si noti il legame e le differenze con l'elemento "comunicazione" di cui si e' detto prima).

Intervento

In quale misura e quanto deve essere efficace l'attività di facilitazione (mobilitazione, formazione gestionale, creazione di consapevolezza, stimolo) per rendere più forti le comunità? Le donazioni aumentano la dipendenza dall'esterno e indeboliscono la comunità oppure la stimolano a reagire e quindi a diventare più forte?

La capacità di intervento della comunità è sostenibile oppure dipende dalle decisioni dei donatori esterni (che hanno obiettivi e programmi diversi rispetto a quelli della comunita' stessa)? Una comunità diventa più forte quando ha più fonti di stimolo allo sviluppo.

Leadership

I capi hanno potere, influenza e capacità di fare cambiare la comunità. Tanto più efficace è la loro capacità di guida tanto più forte la comunità. Non intendiamo in questa sede discutere se sia meglio lo stile di guida democratico e partecipativo rispetto a quello autoritario e totalitario. La leadership che dà risultati nel tempo (rafforzando la comunità e non solo i suoi capi) è quella che asseconda le decisioni e i desideri della comunità nel suo insieme e che svolge un ruolo di facilitazione e di sviluppo di condizioni favorevoli.

I capi devono possedere abilità, disponibilità e carisma. Tanto più efficace è la guida, tanto maggiore è la capacità della comunità o dell'organizzazione nel suo insieme. La mancanza di buona leadership invece puo' essere causa di debolezza.

Networking

Non solo "cosa si conosce" ma anche "chi si conosce" può aiutare una comunità a diventare più forte. In quale misura i membri della comunità, e soprattutto i suoi capi, conoscono persone (e le rispettive agenzie o organizzazioni) che possono fornire risorse utili per rafforzare la comunità nel suo insieme?

Le relazioni utili, potenziali ed effettive, esistono sia all'interno sia all'esterno della comunità. Tanto più efficace è la rete di contatti, tanto più forte è la comunità o l'organizzazione. L'isolamento è causa di debolezza.

Organizzazione

E' il grado in cui i diversi membri della comunità percepiscono il loro ruolo nel sostenere insieme la collettività (in contrasto al fatto di essere un insieme di singoli individui) e comprende, in senso sociologico, l'integrità organizzativa, le strutture, le procedure, i processi decisionali, l'efficacia, la divisione del lavoro e la complementarieta' di ruoli e funzioni.

Una comunità è tanto più forte e capace quanto meglio si sa organizzare.

Potere politico

E' il grado di partecipazione della comunità alle decisioni nazionali e regionali. Cosi' come gli individui hanno un diverso grado di potere all'interno di una comunità, cosi' le comunità possono avere un diverso grado di potere e di influenza all'interno della propria regione o nazione.

Maggiore è il potere e l'influenza politica che una comunità o organizzazione esercita, maggiore è la sua capacità.

Abilità

Si tratta dell'abilità di contribuire all'organizzazione della comunità e di realizzare gli obiettivi e cioè di abilità tecniche, gestionali, organizzative, di mobilizzazione.

Una comunità o organizzazione è tanto più forte quanto maggiori sono le capacità, di gruppo o individuali, che può sviluppare ed utilizzare.

Fiducia

Riguarda la percezione di fiducia che i membri della comunità hanno gli uni nei confronti degli altri e che, in particolare modo, hanno nei confronti dei capi e di chi esercita funzioni di servizio verso la comunità. E' un riflesso del grado di integrità (onestà, apertura, trasparenza) presente all'interno della comunità.

Un maggior grado di fiducia si riflette in maggiore capacità della comunità. La disonestà, la corruzione, la distrazione di risorse collettive invece indeboliscono la comunità.

Unità

Si tratta della percezione condivisa di appartenere a un'entità riconosciuta, al gruppo che compone la comunità. Anche se ogni comunità ha le proprie divisioni (religiose, di classe, di Stato sociale, di reddito, di età, di genere, etniche, di clan) l'unità è il grado con cui membri di una comunità sono disponibili a tollerare le reciproche differenze e sono disponibili a cooperare per uno scopo comune, secondo una visione e valori condivisi.

Una comunità unita è più forte. Unità non significa necessariamente uguaglianza ma capacità di rispettare le reciproche differenze e di collaborare per il bene comune.

Ricchezza

E' il grado con cui una comunità nel suo insieme, rispetto ai singoli individui, controlla le risorse attuali e potenziali nonche' la produzione della distribuzione di beni e servizi scarsi e utili, monetari e non monetari (includendo il lavoro, la terra, le strutture, le forniture, la conoscenza, le capacità).

Più una comunità è ricca più è forte. Una comunità si indebolisce quando i suoi membri sono più avidi, singoli, famiglie o fazioni, accumulano ricchezza a spese della comunità stessa.

Maggiore è il grado con cui una comunità o un'organizzazione possiede ognuno degli elementi precedentemente menzionati, maggiori sono la sua forza e la sua capacità.

Una comunità è un'entità sociale e non diventa più forte solo per la presenza di un maggior numero di risorse o di strutture in sé. Il rafforzamento della comunità e lo sviluppo di capacità richiede un cambiamento sociale e a sua volta ciò richiede lo sviluppo dei sedici elementi menzionati.

La misurazione degli elementi

La misurazione di questi elementi avviene mediante metodi partecipativi che rilevano i cambiamenti nel grado di rafforzamento della comunità.

12 UN EFFICIENTE PERCORSO VERSO IL RAFFORSAMENTO DELLE COMUNITÀ AFRICANE

Formare per organizzare o ri-organizzare; non solo per "trasferire conoscenza"

La formazione alla gestione, come elemento di coordinazione, è diretta, verso la riduzione della povertà, il rafforzamento di comunità a basso reddito, nella pianificazione di insediamenti, strutture e servizi comunitari; e la loro costruzione e susseguente governo.

Questa è una tipologia di formazione che ha lo scopo "creare", non solo di trasferire una conoscenza agli individui.

Non si può mai abbastanza enfatizzare il carattere della formazione non solo come "trasferimento di conoscenze", ma anche come metodo di rafforzamento di comunità a basso reddito, riduzione della povertà, come supporto pratico alla democratizzazione e alla decentralizzazione.

Non è una formazione di tipo ortodosso. La formalizzazione e l'istituzionalizzazione di questo tipo di "allenamento" può portare il pericolo di evirare la formazione stessa, enfatizzando il passaggio di conoscenza anzichè l'incoraggiamento ad una più forte partecipazione della comunità.

La nostra formazione alla gestione in senso stretto fu creata per rafforzare l'efficacia della classe media e alta nelle corporazione di tipo profit.

E' stata qui modificata, ed integrata con tecniche di tipo sindacale allo scopo di attivare e rafforzare la capacità, di comunità a basso reddito, di unirsi e aiutarsi reciprocamente allo scopo di intraprendere un cambiamento sociale.

12.1 LE QUATTRO DOMANDE CHIAVE

Se guardiamo ad ogni processo di decisione, che varia da contesto a contesto, possiamo discernere tutte le quattro domande chiave. La risposta a queste quattro semplici domande è la base del processo decisionale.

Queste quattro domande sono :

- Cosa vogliamo?
- Cosa abbiamo?
- Come otteniamo ciò che vogliamo con ciò che abbiamo?
- Cosa succederà quando lo otterremo?

Se guardiamo attentamente sono le quattro domande incluse, forse distinte per elaborazione, in ogni processo di pianificazione e "brainstorming".

La domanda "Cosa vogliamo?" si occupa di descrivere il problema, e cerca di creare un obiettivo chiaro e definito a cui puntare. Nella formazione alla gestione delle comunità la domanda "Cosa vogliamo?" deve trovare risposta in tutta la comunità, non solo dal capo, non solo dalle elites, non solo dagli amici delle compagnie, ma dalla comunità nella sua completezza e per consenso.

La domanda "Cosa abbiamo?" si occupa di identificare le risorse e i potenziali input che possono essere usati per raggiungere l'obiettivo prefissato. Questo si riesce a ottenere creando incontri in cui la popolazione meno attiva è invitata a partecipare in modo attivo, in quanto ci sono molte risorse in ogni comunità, anche la più povera, che possono essere nascoste o non così ovvie. Un coordinatore abile è in grado di identificare in una comunità moltissime risorse nascoste. Le risorse possono essere anche forza del lavoro ed esperienza (cioè la forza del lavoro pronta ad essere impiegata), terra o spazi dove poter costruire, fondi (attraverso vendite e donazioni). I mezzi di produzione (oggetti o strumenti riutilizzabili) atti a portare avanti l'attività e le risorse umane di tipo intellettivo (saggezza, informazioni, abilità, creatività, capacità analitica) sono spesso il contributo di anziani, o si possono spesso trovare tra coloro che sono disabili fisicamente o socialmente ostracizzati.

La domanda "Come otteniamo ciò che vogliamo con ciò che vogliamo?" è la parte strategica dell'organizzazione. Ci sono spesso molti modi per combinare le varie risorse sia materiali che intellettuali. Sarebbe utile identificare varie strategie e scegliere la più convenzionale.

La domanda "Cosa succederà quando lo otterremo?" si occupa di prevedere l'impatto dell'attività intrapresa. Può essere estesa chiedendo alla comunità come pensano che l'attività avrà effetto su di essa.

Queste quattro domande dovrebbero essere usate dai lavoratori in loco come guida all'organizzazione, o riorganizzazione, di un gruppo. Allo stesso modo sono usate da un direttore formativo per formare o riformare un team di lavoro. Un coordinatore può utilizzarle per coordinare un team di lavoratori in loco. Insieme sono il sistema per costruire la capacità di una comunità alla sua autosufficienza.

Nel processo della nostra formazione alla gestione delle comunità, le quattro domande basilari dovrebbero essere poste nel momento in cui l'intera comunità è raccolta per decidere le proprie priorità. Dovrebbero essere prese in considerazione nuovamente quando il comitato esecutivo si incontra in favore della comunità per esaminarne i dettagli. Se guardiamo attentamente, vedrete queste quattro domande, nell'ordine in cui sono presentate, nascoste in due delle appendici e questo documento: il processo di "brainstorming" e linee guida alla progettazione.

Sia che vengano poste al momento della costituzione di un sindacato, o ad un incontro tra i direttori esecutivi di una corporazione importante (o, nello stesso contesto, in casi di rafforzamento di comunità a basso reddito). Costituiscono la base del processo decisionale.

12.2 ALTRI PRINCIPI NELLA NOSTRA FORMAZIONE ALLA GESTIONE

Dopo che le si è data risposta alle quattro domande essenziali si possono identificare svariati altri principi nella formazione alla gestione. Questi possono variare in accordo a ciò di cui si necessità: quanto e di che tipologia di formazione si richiede. Cioè che segue deve essere intesa come una "lista aperta" e non devono essere presentati necessariamente in questo ordine.

A. La comunità deve decidere, all'unisono, cosa deve fare. Ci sono vari possibili obiettivi ma la comunità deve essere unita e scegliere cosa vuole fare. I capi gruppo possono prendere spunto da una citazione del libro Alice nel Paese delle Meraviglie "Se non sappiamo dove stiamo andando, ogni strada vi ci porterà" (Lewis Caroll). Senza una visione unitaria di dove la comunità vuole arrivare potrebbe finire per non ottenere nulla.

B. Dopo che un obiettivo, e la strada per raggiungerlo, sono stati prefissati bisogna pianificare la metodologia per ottenerlo. Una semplice frase può essere presa come spunto "Se falliamo a pianificare, pianifichiamo il fallimento". Se il successo o la vittoria possono essere definiti come obiettivi allora è necessario un piano per ottenerle.

C. Il capo gruppo può ricordare che pianificare significa creare una serie di passaggi che porteranno il gruppo dalla posizione in cui si trova ora a quella in cui si vorrebbe trovare a obiettivo raggiunto. Questo processo deve essere logico e deve condurre dalla situazione iniziale al risultato finale futuro. Il capo gruppo può proporre di procedere alla pianificazione a ritroso. Cioè partendo da cosa si vuole ottenere e pianificando i singoli passi per ottenerlo. Ogni passo deve essere logicamente collegato a quello successivo fino a che l'obiettivo non è stato raggiunto.

D. Quando si sceglie la strategia, il gruppo deve essere incoraggiato ad essere il più efficiente possibile. Questo concetto non deve essere ignorato e deve essere inteso in vari aspetti. Efficienza può essere definita come "ottenere maggiori output da minori input". Una frase ad effetto potrebbe essere "Non lavorare sodo, ottieni risultati." Qui il sopravvalutato significato del termine "lavorare sodo" si dimostra meno importante del risultato di quel lavoro. Non deve essere inteso come uno sprone ad essere pigri ma come incoraggiamento ad usare le risorse in modo saggio, ed inoltre, efficientemente.

E. Un sistema in cui le decisioni vengono prese tramite partecipazione collettiva può far scoprire risorse che invece rimarrebbero nascoste in un sistema di tipo dittatoriale. Il capo gruppo deve insegnare ad "includere tutti nelle decisioni". Un solo uomo (imperfetto), anche se il capo, ha meno informazioni, esperienza, saggezza, della comunità nella sua interezza, inclusi i membri più umili e silenziosi. In termini di democratizzazione, è giusto che ogni membro della comunità partecipi; in termini di massimizzare la "forza" della comunità, identificare risorse e trovare strategie più creative ed innovative, includendo tutti è il metodo migliore.

F. Il capo gruppo deve ricordare alla comunità che deve riuscire a "sostenersi da sola". Dipendenza e fiducia in un aiuto, guida e risorse esterne non è una cosa tollerabile allo stesso modo della debolezza e della vulnerabilità. Incoraggiare la fiducia in se stessi è un obbligo, un dovere così come un diritto. Un altra frase ad effetto potrebbe essere usata in questo caso "Se biasimi gli altri, perdi il tua capacità di cambiare" (Ray Anthony). Il capo gruppo non deve essere ingannato dal solito pretesto "Siamo troppi poveri, abbiamo bisogno di un aiuto esterno". Ogni comunità, non importa quanto povero, se è composto da vite umane, ha delle risorse, molte delle quali sono nascoste. La vera povertà sta nell'incapacità di capire cosa hanno, non nell'assenza di ciò che hanno.

G. Non c'è nulla di gratuito. Volontari e donazioni pubbliche devono essere ripagati, non necessariamente in modo monetario. Il pagamento può essere nella forma di un riconoscimento pubblico, incoraggiamento o elogio. La formazione alla gestione nelle corporazioni ha reso chiaro che l'intensità del lavoro dei volontari non va in accordo con il loro salario.

H. Non possiamo stare fermi. Se non andiamo avanti, allora saremo rispediti indietro. La società umana è dinamica e in costante cambiamento. E' impossibile voler risolvere ogni problema "una volta per tutte". Ciò che ora potrebbe sembrare la soluzione ad un problema potrebbe essere in futuro un nuovo problema. Ovviamente ci sono molte altre importanti questioni nell'attività di formazione alla gestione. Questo documento non può esprimerle tutte. Voi, come coordinatori dovete cercare nuovi principi, condividere la vostra esperienza con altri coordinatori, direttori formativi, capi gruppo e creare un vostro set di principi.

13 FORMAZIONE ALL'EMPOWERMENT DELLE COMUNITÀ AFRICANE

Questa formazione si propone di attaccare la povertà a due livelli:

- a livello individuale, con l'organizzazione del credito e la formazione alla micro impresa e,
- a livello di comunità, con la formazione gestionale diretta all'empowerment delle comunità africane a basso reddito.

Poiché questa formazione si rivolge alle comunità africane, vengono messi in maggiore evidenza gli aspetti relativi alle capacità, alle tecniche e ai programmi rispetto a quelli teorici e storici. Gli interessati riconosceranno che la teoria alla base dei metodi presentati in questa formation è il **BACK HOME INVESTMENT**.

Le comunità possono tuttavia lavorare in modo più efficace se conoscono alcuni dei principi alla base dei metodi presentati.

Per questo motivo spiegheremo nei moduli durante la formazione, tali principi senza tuttavia scendere a un livello troppo teorico o accademico.

Ad esempio il modulo Introduzione ai principi di generazione del reddito in africa per lottare contro le cause dell'immigrazione clandestina sarà dedicato alla lotta alla povertà sul piano individuale : spiegherà l'organizzazione del credito e fornirà la formazione sulla micro impresa. La lotta alla povertà a livello di comunità sarà invece l'argomento principale.

In entrambi gli approcci, collettivi e alla micro impresa, il tema è lo stesso. E si fonda su alcuni importanti principi:

- quando si parla di assistenza non si intende l'elemosina, che causa dipendenza e debolezza, ma il sostegno e la formazione, che promuovono l'autonomia e lo sviluppo di nuove capacità;
- gli organismi diventano più forti esercitandosi, lottando, e affrontando le avversità; la nostra metodologia dell'empowerment incorpora questo principio;
- la diretta partecipazione dei beneficiari è essenziale affinché sviluppino queste capacità;

il nostro scopo è far sì che i beneficiari partecipanti assumano pieno controllo, piena capacità decisionale, e piena responsabilità per le azioni che consentiranno loro di rafforzare le loro comunità.

Altri moduli di questa formazione, I fattori della povertà : Cinque "fattori", richiedono che la lotta sia diretta alle cause, non ai sintomi. La povertà deve essere eliminata, non semplicemente o temporaneamente alleviata.

Lo sviluppo delle persone : non tecnologica sostiene che lo sviluppo e in particolare l'assistenza allo sviluppo sia su "scala umana" e non sulla scala delo sviluppo tecnologico che non porta a uno sviluppo sostenibile.

- La sezione : Portare alla luce risorse nascoste prende in considerazione i principi alla base dello sviluppo sostenibile, opponendosi all'elemosina e ricorrendo all'uso delle risorse locali.
- La sezione : Cultura e animazione sociale dà un cenno sulle pratiche di esperienze sociali in Africa per sviluppare le comunità.
- La sezione : Preservare la cultura mette in discussione il mito della "nostalgia del passato" e sostiene che rafforzare la cultura sia meglio che limitarsi a proteggerla preservandola (e indebolendola).
- La sezione : La consapevolezza del processo di sviluppo di una comunità analizza l'esigenza di fare conquistare alla comunità la titolarità del processo del proprio sviluppo.
- La sezione : Approccio alla Pianificazione Partecipativa e Apprezzativa, condivide alcune esperienze pratiche tratte dal lavoro di sviluppo in Africa.

13.1 PRINCIPI ALLA BASE DI QUESTA METODOLOGIA DI FORMAZIONE

Questa formazione descrive una metodologia di formazione manageriale adattata e applicata al processo dirafforzamento delle comunità africane di basso reddito.

Per chi è questa formazione? Questa formazione è rivolta a promotori della fortificazione comunitaria, mediatori, istruttori, ufficiali, attivisti, donanti, funzionari di programmi, pianificatori nel campo del potenziamento e altri interessati al lavoro delle comunità che potrebbero trovare utile questo documento.

13.2 PERCHÉ LA FORMAZIONE MANAGERIALE PER LE COMUNITÀ?

Nelle organizzazioni (aziende, organizzazioni con scopi lucrativi, enti no profit, associazioni), la formazione manageriale dà molti più risultati rispetto ad alcune competenze trasferite ai singoli, e l'organizzazione stessa diventa più forte, più efficace e propositiva nei suoi obiettivi, metodi, e identità (più organizzata).

Con la adeguata formazione manageriale, possono farlo anche le comunità. La Formazione Manageriale, insieme all'animazione sociale (promozione della partecipazione della comunità), potenzia le comunità.

Lo sviluppo sostenibile, il potenziamento dei gruppi di basso reddito, dei gruppi privati dei diritti civili e delle categorie di persone che vivono in comunità urbane e rurali e quartieri, è l' obiettivo principale di un programma di gestione della comunità, per poter fornire e mantenere gli impianti e i servizi degli insediamenti umani.

La metologia principale è la formazione, ma non formazione nel senso ortodosso di gestione di un istituto di formazione per insegnare competenze agli allievi che poi concludono la loro istruzione con un insieme specifico di tecniche. Questa è la formazione, di persone, ovviamente, ma non solo perchè queste persone imparino, ma per incrementare il potenziamento e l'efficenza (in autosviluppo) delle loro comunità.

13.3 NON È UNA FORMAZIONE DEL GENERE "UNA-VOLTA-E-PER-TUTTI"

La formazione in sè è parte di un processo di potenziamento delle comunità, non solo l'acquisizione di competenze per gli allievi. Tale processo richiede tempo, tutto il lavoro delle comunità consuma tempo.

Gli allievi hanno bisogno di sostegno nel corso della loro formazione e di un forum dove condividere esperienze con gli altri e produrre soluzioni ai problemi che trovano man mano nel campo... Per questo la formazione deve essere continua, e continuamente rivista per soddisfare le mutevoli condizioni della comunità di destinazione e degli allievi.

I lavoratori comunitari di tutte le varietà devono essere frequentemente rivitalizzati. Per combattere lo scoraggiamento che si può acquisire durante il lavoro tra i loro gruppi e le comunità, dovrebbero incontrarsi regolarmente con colleghi che lavorano in altre comunità, per condividere idee e incoraggiarsi a vicenda.

Così come l'acquisizione di nuove competenze, possono condividere informazioni e incoraggiamento nel contesto della formazione continua. La formazione non dovrebbe essere "una-volta-e-per-tutti".

13.4 FORMAZIONE COME ORGANIZZAZIONE

Più avanti in questo documento, il concetto di formazione che va oltre il concetto classico di trasferimento di competenze sarà spiegato. Questa è la formazione come potenziamento, o incremento delle capacità, del gruppo nel suo complesso, che trascende le capacità degli individui di questo gruppo. In sostanza, questo significa usare le sessioni di formazione per l'organizzazione.

L'organizzazione comprende:

- la creazione di nuove organizzazioni, dove non ce n'era nessuna prima, o
- la riorganizzazione delle organizzazioni attualmente esistenti.

Ci sono due tipi di organizzazione, che potrebbero sovrapporsi:

- l'organizzazione del processo decisionale, e
- l' organizzazione per un'azione più efficace.

13.5 MODULI FORMATIVI

I moduli formativi contengono descrizioni, modelli, brevi presentazioni e spiegazioni. Ciascun modulo tratta un argomento specifico, con diversi documenti per i vari attori o finalità.

I primi cinque moduli contengono brevi presentazioni utili, tutto il resto è inserito in un unico documento, "Sviluppo di comunità, l'elaborazione della strategia"

Questa formazione include (tra le altre cose) la trasmissione di informazioni. A differenza dell'istruzione generale, che ha una sua storia di cause per la scelta di cosa includere, l'informazione di cui si parla qui mira al rafforzamento della capacità, non ad un'informazione generale.

Malattia: Se una comunità ha un alto tasso di malattie, l'assenteismo è elevato, la produttività è bassa e viene creata poca ricchezza. A parte la miseria, il disagio e la morte che risultano dalla malattia, è anche uno dei principali fattori di povertà di una comunità in Africa. Stare bene (il benessere) non solo aiuta gli individui sani, ma contribuisce allo sradicamento della povertà nella comunità.

Apatia : L'apatia esiste dove la gente non si cura di nulla, o se si sente così impotente da non cercare a cambiare le cose, a riparare un torto, a correggere un errore o a migliorare le condizioni.

A volte, molte persone si sentono così incapaci di raggiungere qualcosa che sono gelosi dei loro familiari o dei membri della loro stessa comunità che cercano di farlo. Quindi cercano di far cadere il potenziale realizzatore al loro stesso livello di povertà. L'apatia genera apatia.

Disonestà : Quando le risorse destinate ai servizi o alle strutture di una comunità vengono deviate nelle tasche di un privato in posizione di potere, c'è qualcosa di più della moralità in gioco. In questa serie di formazione non stiamo a giudicare se questa è una cosa positiva o negativa. Stiamo tuttavia mostrando che si tratta di una causa di povertà.

Dipendenza : La dipendenza è il risultato della carità. A breve termine, come dopo un disastro, quella carità potrebbe essere essenziale per la sopravvivenza. A lungo andare, quella carità può contribuire al possibile decesso del destinatario, e certamente alla continuazione della povertà.

La metodologia di empowerment di una comunità è un'alternativa alla carità (che indebolisce), ma fornisce assistenza, capitale e formazione con l'obiettivo che le comunità a basso reddito identifichino le loro risorse e assumano il controllo del loro stesso sviluppo - che si rafforzino. Troppo spesso, quando un progetto ha lo scopo di promuovere l'autonomia, i destinatari, fino a che la loro coscienza non è sollevata, si aspettano, presumono e sperano che il progetto li fornirà di risorse per installare strutture o servizi nella comunità.

14 MODULI FORMATIVI BREVE
PRESENTAZIONE

14.1 MODULI INTRODUTTIVI

14.2 FASE PREPARATORIA, LINEE GUIDA PER GLI OPERATORI

- Conoscere le proprie finalità, cosa si prefigge di ottenere un animatore dello sviluppo locale
- Conoscere la comunità in cui si opera, ricerca sociale; come funziona la comunità
- Conoscere le competenze richieste, cosa occorre saper fare
- Conoscere i concetti di base, principi e motivazioni da comprendere
- Risorse esterne, perseguire l'equilibrio tra risorse interne ed esterne alla comunità
- Preparare l'operatore, indicazioni per il docente.

14.3 PREPARARSI, PREDISPORRE LA COMUNITÀ ALL'AZIONE

- Il Ciclo della mobilitazione, il processo di rafforzamento di una comunità
- Spianare la strada, ottenere le autorizzazioni dalle autorità
- Sensibilizzare, senza falsare le aspettative
- Organizzare per raggiungere l'unità, riunire la comunità
- Dialogare con il pubblico, come si conduce un incontro pubblico
- Sfidare la comunità, la resistenza genera forza
- La comunità sceglie l'azione, la scelta da parte della comunità significa partecipazione della comunità
- Organizzazione per la forza, miglior organizzazione significa maggior forza
- Attivare l'operatore, orientamento per la formazione degli attivisti

14.4 ORGANIZZARE LA COMUNITÀ, PREDISPORLA PER L'AZIONE

- Formazione per l'azione, superare le tradizionali finalità della formazione

- Costituzione del Comitato Esecutivo, la comunità individua i propri responsabili
- Analisi delle condizioni, la comunità effettua una valutazione
- Predisposizione del Piano d'Azione Comunitario (PAC), la comunità decide il proprio futuro
- Progettazione, proposte, risorse esterne, mediazione tra autosufficienza e aiuti esterni
- Disposizioni per il monitoraggio, stiamo lavorando bene?
- Organizzazione per l'azione, attivare la comunità
- Formazione degli organizzatori, orientamento per i formatori.

14.5 FASE OPERATIVA, LA COMUNITÀ IN MOVIMENTO

- Implementazione del Piano Comunitario, azione mirata all'empowerment
- Monitoraggio, per osservare dove stiamo andando
- Bisogni Generati dalla Comunità, non bisogni generati dall'azione
- Competenze Necessarie, quali saranno probabilmente identificate dall'esecutivo
- Comunicazione tra il Comitato e il Pubblico, trasparenza pro-attiva
- Festeggiamenti, completamento e nuovo inizio

14.6 SOSTENERE L'INTERVENTO A PRESCINDERE DAL SINGOLO OPERATORE

- Sostenere la mobilitazione, un singolo progetto comunitario è solo l'inizio
- Leadership della comunità e mobilitazione dall'interno, sostenere tramite l'auto-mobilitazione
- Lezioni apprese e consapevolezza delle possibilità, come andare avanti

14.7 MODULI INTERMEDI:

14.8 EMPOWERMENT DELLE COMUNITÀ, COME POSSIAMO AIUTARE LE COMUNITÀ A DIVENTARE PIÙ FORTI?

- Definizione di Comunità
- Empowerment delle Comunità: aiutare le comunità a diventare più forti.

- Fattori della povertà: i Big Five: aggredire le cause non i sintomi.
- Sviluppo delle persone: non tecnologia ma un approccio umano.
- Portare alla luce risorse nascoste: sviluppo sostenibile, evitare l'elemosina.
- Cultura e animazione sociale: un cenno sulle teorie delle scienze sociali per l'operatore sul campo.
- Preservare la cultura: no, rafforzarla piuttosto.
- La formazione sulla politica e sull'animazione: il ruolo della politica nell'empowerment delle comunità.
- Capire quando è il momento di andarsene
- Gli elementi della metodologia di empowerment
- La gentilezza può uccidere, l'aiuto può peggiorare la situazione
- Il fattore umano e l'empowerment della comunità;

14.9 L'INTERVENTO DI MOBILITAZIONE

- Il Ciclo di Mobilitazione, Il processo nel suo insieme; sovvenzione di laboratorio;
- Il Ciclo di Mobilitazione spiegato, passo per passo
- Essere un Mobilizzatore, che cosa ci vuole? sussidio di formazione;
- Unità Organizzativa, Le finalità e gli strumenti per unificare una comunità;
- Mangiare con Amici, Il ruolo del cibo nel migliorare le potenzialità della comunità;
- Formazione come Mobilizzatore, Utilizzando la metodologia della formazione a mobilitare.

14.10 VALUTAZIONE PARTECIPATA

- Valutazione partecipata, come guidare e stimolare la comunità all'auto analisi sulla Microimpresa
- Metodi per la valutazione partecipata, una rassegna dei metodi e delle tecniche
- Mappa e inventario, Partecipare alla valutazione della comunità
- Facilitare la partecipazione nella fase di valutazione
- A difesa della metodologia, richiedere la partecipazione della comunitá nell'autovalutazione
- Formare il facilitatore per la valutazione partecipativa

14.11 Formazione alla gestione per il rafforzamento, tutti possono partecipare alla Gestione

- Le Quattro Domande Chive, la base essenziale della FG per il rafforzamento
- Formazione alla Gestione, laboratorio rivolto ai partecipanti;
- La base essenziale della FG per il rafforzamento
- Formazione alla Gestione, laboratorio rivolto ai partecipanti;
- Suggerimenti, otto suggerimenti per migliorare la gestione;
- FG, Note per il Preparatore, per facilitare la preparazione;
- Organizzare Preparando, un metodo specifico di preparazione.

14.12 La sessione sulla tempesta d'idée

- Principi e Metodi della Tempesta di Idee, riepilogo complessivo; può essere utilizzato come opuscolo;
- Presentazione della Tempesta di Idee; Appunti per il Facilitatore, rivolto agli istruttori nella fase formativa;

14.13 Gestione partecipativa, gestire un progetto, una ONG, un ufficio o un'azienda

- Gestione Partecipativa, metodologie per favorire la partecipazione dello staff nei processi decisionali
- La Gestione Partecipativa delle Persone, ben più di una risorsa economica
- Gestione Partecipativa e Atteggiamento Positivo, tutti commettiamo errori
- Utilizzo dei mansionari, promuovere la gestione partecipativa
- Riunioni di Gestione Partecipativa, rimuovere lo scontento
- Verifica annuale, uno strumento per la gestione partecipativa
- Predisporre il Piano di Lavoro, uno strumento chiave per la gestione partecipativa
- Tecniche di incoraggiamento, trasformare le critiche in suggerimenti
- Consigli per i Manager e gli Animatori (di comunità, N.d.T), la partecipazione vista in parallelo.

14.14   IL RICONOSCIMENTO DELL'UGUAGLIANZA DEI SESSI

- Identità sessuale svegliare l'interesse e promuovere l'uguaglianza; appunti per il mobilitatore;
- Questioni di identità sessuale il riconoscimento e l'uguaglianza; dispense per il laboratorio.

14.15 PIANO DEL PROGETTO DELLA COMUNITÀ

- Piano del Progetto, per pianificare un progetto della comunità;
- SMART, caratteristiche dei buoni obiettivi;
- Sindrome da dipendenza, dipendere troppo da risorse esterne;
- Checklist delle risorse interne, documentazione del laboratorio.

14.16   RISORSE PER LA COMUNITÀ

- Acquisizione di risorse, metodologie utili per comunità alla ricerca di fondi
- Raccolta fondi, metodologie per le agenzie di sviluppo locale interessate ad ottenere risorse finanziarie
- Formulari progettuali per le agenzie di sviluppo locale interessate a presentare un progetto o una richiesta di finanziamento
- I capitoli del progetto, l'impostazione del progetto - opuscolo per workshop
- Check list della documentazione , opuscolo sulla stesura del progetto

14.17 PRINCIPI DI GENERAZIONE DEL REDDITO

- Generazione del reddito, ricchezza e povertà, note del formatore sui principi della creazione della ricchezza;
- Sussidi, credito e riduzione della povertà, note per l'animatore.

14.18 CREARE UN'ORGANIZZAZIONE DI CREDITO

- Schema della Micro Impresa, una breve descrizione generale;
- Creare un'Organizzazione di Credito, opuscolo del seminario;
- Formazione e Sviluppo del Gruppo, consigli per organizzare dei gruppi;
- Formare Gruppi Fiduciari, appunti sui gruppi fiduciari per i partecipanti;

- Mobilitazione per il Risparmio, incoraggiare il gruppo a risparmiare per creare un credito;
- Formulari, modelli di formulari da seguire per crearne di propri.

14.19   FORMAZIONE SULLA MICROIMPRESA

- Formazione sulla Microimpresa, abilità richieste, promemoria dei partecipanti;
- Formazione sulla Microimpresa, promemoria del facilitatore;
- Scegliere una Microimpresa, facilitare l'imprenditore nel prendere decisioni, appunti per il facilitatore;
- Scegliere una Microimpresa, come scegliere una microimpresa realizzabile;
- Pianificare una Microimpresa, metodi di pianificazione per dirigere una microimpresa;
- Formazione Finanziaria, elenco dei temi relativi ai registri e alle relazioni finanziarie;
- Registri d'Impresa, perché e come tenere registri di cassa;
- Marketing, un rapido corso di marketing per mobilitatori e microimprenditori.

14.20 MISURARE L'EMPOWERMENT DELLE COMUNITÀ

- Misurare l'empowerment, introduzione a un metodo per osservare lo sviluppo delle capacità;
- Gli elementi dell'empowerment delle comunità, una breve descrizione;
- Metodi Partecipativi per misurare l'empowerment; un metodo di misurazione;
- Gli elementi dell'empowerment: la documentazione per i partecipanti;
- Strumenti per misurare la variazione del grado di empowerment: documentazione per il workshop;

14.21   SUPERVISIONE E VALUTAZIONE, IN CHE MODO SI STANNO RAGGIUNGENDO GLI OBBIETTIVI E IN CHE MODO LO SI STA FACENDO BENE

- Principi e Scopi la natura della supervisione;
- Pianificazione e Attuazione, integrazione della supervisione durante tutte le fasi;

- Valutazione, formulazione dei giudizi di valore dopo la supervisione;
- Informazioni organizzative, gestione delle informazioni derivanti dalla supervisione;
- Partecipazione alle fasi di Supervisione, chi dovrebbe supervisionare;
- Livelli di Supervisione, comunitario, regionale, nazionale e dei donatori;
- Supervisione e Resoconto, trasmissione e analisi delle osservazioni;
- Moduli per la Supervisione, utilizza questi per la pianificazione personale.

14.22 SCRIVERE REPPORT

- Scrittura di Report per coordinatori, come dire
- Perché scrivere report? motivazioni
- Chi dovrebbe ricevere i report? benefici per autori e per chi li riceve
- Come scrivere report, report differenti e cosa dovrebbero includere
- Scrivere report migliori, suggerimenti per scrivere report migliori – report che saranno letti
- Un modello per scrivere report, documento in una pagina; schema del report
- Il report consegnato una risorsa importante nel supportare l'intervento

14.23 METODI DI FORMAZIONE, USO DEL MATERIALE

- Come usare il materiale di riferimento per i formatori;
- Modello didattico per l'apprendimento dei metodi di gestione delle comunita', pianificare l'apprendimento;
- Preparare un workshop, pianificare un workshop formativo come si pianifica un progetto;
- Ice Breakers, per mettere a proprio agio i partecipanti al workshop;
- Giochi di ruolo e di simulazione, una tecnica formativa;
- Il potere dei soli, un gioco di simulazione (file di testo);
- Impersonare un ruolo, note per i partecipanti;
- Narrare storie, non solo intrattenimento ma uno strumento pratico per la comunicazione;
- Tecniche di comunicazione, vari metodi per far passare i messaggi;
- Due ragazzi, intagliare legno africano racconta una storia;
- Detti e proverbi, un pratico strumento di comunicazione per il lavoro di comunità.
- La formazione sulla valutazione partecipativa per il facilitatore;

- La preparazione dell'animatore;
- L'avvio dell'animatore;
- Sviluppare gli organizzatori; e
- Perche' fare un programma personalizzato di alfabetizzazione.

14.24   ULTERIORI MODULI:

14.25   GESTIRE UN PROGRAMMA DI DI COORDINAZIONE DI UNA COMUNITÀ

- Gestire un coordinamento, la questione della gestione nel rafforzamento;
- Scegliere una Comunità, criteri su come scegliere la comunità verso la quale intervenire;
- Descrizione del lavoro di coordinatore, dialogo tra coordinatore e manager.

14.26   RICERCA SULLA COMUNITÀ, SCOPRIRE INFORMAZIONI UTILI SU UNA COMUNITÀ

- Ricerca sociale per animatori, un approccio pratico, applicato e diretto
- Ricerca sulle comunità, l'organizzazione sociale delle comunità
- Metodi di ricerca per animatori, ottenere dati preliminari;
- Temi di ricerca, quello che l'animatore dovrebbe chiedere;
- Tenere le rilevazioni, gestire l'informazione;
- Indagine sulle risorse interne della comunità, quali sono le risorse disponibili per essere impiegate

14.27   IL COORDINATORE E L'ACQUA, LA COMUNITÀ SCEGLIE L'ACQUA POTABILE

- Considerare l'acqua, tematiche per il coordinatore della comunità;
- Acqua, salute e crescita delle comunità, principi di assistenza sanitaria primaria per il rafforzamento;
- L'acqua come un investimento della comunità, acqua pura e riduzione della povertà;
- L'acqua e i politici, alleati prudenti o pericolosi avversari;

- L'acqua e la coscienza pubblica, la partecipazione della comunità ad una campagna;
- Le fonti di acqua potabile, le alternative per la presa di decisioni nell'ambito della comunità;
- Tecnologie relative all'acqua a disposizione del coordinatore, fornire l'acqua alla popolazione;
- Studio sulla pompa a corda, perché non utilizzare solamente componenti che si possono reperire localmente?
- Manutenzione e riparazioni, gestione dell'acqua per le comunità;
- Recupero dei costi, ottenere risorse per gestire la fornitura d'acqua.

14.28 MOBILITAZIONE PER UNO SVILUPPO NON MATERIALE, QUANDO LA COMUNITÀ SCEGLIE L'ADVOCACY

- Indagine sulle risorse esterne, cosa può acquisire la comunità dall'esterno?
- Mobilitazione per la società civile, quando la comunità si prefigge obiettivi non materiali,
- Hiv-Aids e mobilitazione per l'empowerment, quando la comunità sceglie di sconfiggere questa piaga;
- Assistenza sociale community based, interventi dei membri delle comunità;
- Mutilazione genitale femminile (MGF), come sradicarla.

14.29 L'ALFABETIZZAZIONE FUNZIONALE, UNA COMUNICAZIONE MIGLIORE POTENZIA LE COMUNITÀ

- Perchè un' Alfabetizzazione Partecipativa? Le ragioni per progettare un programma tradizionale per ogni comunità;
- L'Alfabetizzazione e l'Empowerment, nelle comunità più potenti, i membri scrivono e leggono;
- I princìpi dell'Alfabetizzazione, progetta il proprio programma;

14.30 SVILUPPO DI CAPACITA, AUMENTARE LA FORZA DELLE ORGANIZZAZIONI

- Sviluppo di capacità, tecniche per aumentare la forza dell'organizzazione;

- Misurare il consolidamento delle Organizzazioni, un'estrapolazione;
- Moduli dei partecipanti, per lo sviluppo di capacità.

14.31 RENDERE L'AMBIENTE PIÙ FAVOREVOLE, LE COMUNITÀ AUTOSUFFICIENTI NON SONO ISOLATE DAL CONTESTO

- Favorire la responsabilizzazione delle comunità, nessuna comunità è isolata dal contesto;
- Redigere un documento sulle politiche di sviluppo comunitario, linee guida per l'elaborazione di una politica.

14.32 DALLA CATASTROFE ALLO SVILUPPO

- Fine della Catastrofe, trasformazione di un programma di beneficienza in un programma di rafforzamento della comunità;
- SWOT (Strengths, Weaknesses, Opportunities and Threats): punti di forza, debolezze, opportunità e rischi. Analisi del processo;

14.33 MODULI CREARE UN BUSINESS O INVIARE UN'IMPRESA IN AFRICA

Comprendere le nozioni di base di scrittura di un business plan

- Capitolo 1: perché si dovrebbe scrivere un business plan?
- Capitolo 2 : comprendere la differenza tra studio di fattibilità e business plan
- Capitolo 3 : comprendere la differenza tra un business plan e piano strategico
- Capitolo 4 : i componenti base di un business plan

Scrivere il business plan

- Capitolo 5: prepararsi per un business process planning
- Capitolo 6 : procedura per la redazione di un business plan
- Capitolo 7 : come scrivere un business plan - riepilogo esecutivo
- Capitolo 8 : scrivere il profilo della tua azienda
- Capitolo 9 : il tuo industry analysis
- Capitolo 10 : scrittura di un piano di marketing
- Capitolo 11: lo sviluppo di un piano operativo
- Capitolo 12 : pianificazione della strategia di crescita del business

Prepararsi

Raccolta di capitali attraverso equity finanziamento

Raccolta fondi attraverso finanziamento del debito

15 CONCLUSIONE

<u>Trasformazione: Dalla Dipendenza al Rafforzamento</u>

La catastrofe accaduta potrebbe essere un conflitto o una guerra civile, una terribile catastrofe naturale come un'isola inghiottita dall'oceano, o una sommossa civile che costringe i rifugiati a cercare asilo in un paese vicino. Le persone che hanno perso la casa, le fonti di reddito e gli approvigionamenti, le fonti di sussistenza, i genitori o i figli, la propria identità, i servizi essenziali necessari ad essere ciò che erano.

Un programma di soccorso di emergenza è già in azione, il personale è gia sul posto, operativo. Si sta provvedendo ai bisogni immediati di sopravvivenza della società e delle comunità interessate, e la società è in uno stato di transizione, sta passando dal bisogno di soccorsi di emergenza alla necessità di assistenza alla transizione e allo sviluppo.

L'assistenza allo sviluppo preferibile è quella che contribuirà all'autonomia (alla rimozione della dipendenza) dei beneficiari, in un ambiente stabile e sicuro. Questo documento di formazione esamina quali cambiamenti sono necessari ad un programma di soccorsi di emergenza, e quali in un'organizzazione che gestisce il programma.

<u>La Necessità di Modificare il Programma:</u>

La situazione è in divenire. Il tempo per provvedere ai soccorsi di emergenza è terminato, e arriva il momento di concentrarsi sull'assistenza allo sviluppo sostenibile. L'organizzazione che fornisce assistenza deve quindi essere flessibile e adattarsi al cambiamento delle necessità.

Per fare ciò è necessario che il personale abbia familiarità con i concetti di cambiamento sociale, sviluppo comunitario, autosufficienza, sostenibilità e rafforzamento, e che abbia la volontà, la capacità e l'organizzazione necessaria per trasformarsi parallelamente all'evolversi dei bisogni.

Lo scopo di questa formazione è quindi quello di passare in rassegna i concetti e i principi centrali di questo nuovo approccio, di fornire una direzione quanto alla valutazione delle capacità di cambiamento del personale, e una guida per effettuare i cambiamenti organizzativi necessari a implementare un programma di assistenza allo sviluppo.

Il personale avrà già una buona idea della propria forza organizzativa, delle proprie debolezze, opportunità e rischi (SWOT). Questa formazione si propone di guidare le sue valutazioni in un'analisi olistica. L'organizzazione e il suo programma devono continuare come prima? Devono fermarsi? Trasformarsi in qualcosa di nuovo o spostarsi in un altro luogo? Questa decisione può essere facilitata dal risultato di una sessione SWOT.

Non è possibile paragonare una comunità che ha fronteggiato ed è sopravvissuta ad una catastrofe ad una persona che ha avuto un incidente. Tuttavia ciò che è pertinente è l'esistenza di un parallelo nel trattamento professionale necessario quando l'emergenza è terminata e arriva il tempo del più lento e meno eccitante recupero e della riabilitazione.

Quando una persona ha un incidente, per esempio si rompe un osso del braccio, è necessario un soccorso di emergenza. Medici professionisti sistemeranno il braccio e lo ingesseranno. Potranno essere prescritti degli analgesici (antidolorifici, ad es. derivati della morfina). Dopo qualche tempo si sospenderà la somministrazione degli analgesici per evitare gli effetti collaterali.

Il corpo del paziente produrrà un callo osseo che ricongiungerà le due parti rotte; nel frattempo però i muscoli si indeboliranno non essendo utilizzati. Dopo sei settimane, quando il callo osseo avrà cominciato a saldare assieme i pezzi dell'osso il gesso dovrà essere rimosso. Ciò è doloroso e traumatico per il paziente, e perciò il personale medico dovrà avere i nervi saldi e non lasciarsi trasportare dall'emozione. Se il gesso non viene rimosso i muscoli si atrofizzeranno e il braccio si indebolirà.

Il paziente è diventato dipendente dal gesso, e deve sbarazzarsene per ritrovare la salute e la piena funzionalità del braccio. Arriva così il tempo del lungo e noioso lavoro del fisioterapista, che ridarà ai muscoli e alle ossa del braccio la forza che avevano prima dell'incidente.

Una comunità o una società che subisce un incidente naturale o artificiale è per molti versi simile a un paziente. Nell'eccitante periodo ricco di adrenalina dell'emergenza e in quello immediatamente successivo gli aiuti sono forniti gratuitamente, perché necessari alla sopravvivenza.

Ma verrà un tempo in cui la beneficienza potrà divenire un fattore negativo e dovrà essere rimpiazzata con l'aiuto allo sviluppo orientato al rafforzamento della comunità, la noiosa fisioterapia. Così come i muscoli del paziente, i membri della comunità incaricati di prendere decisioni e assumersi responsabilità potrebbero paralizzarsi per mancanza di esperienza.

Il personale di assistenza deve rimanere calmo e fermo. In genere c'è la tentazione di protrarre troppo a lungo l'assistenza basata su metodologie di beneficienza indebolendo la comunità, forse perché continuare a fare la stessa cosa è molto più facile, o perché ci sono interessi affinché tutto rimanga uguale, o perché i dirigenti non hanno una buona visione d'insieme. I professionisti devono imparare a capire quando è necessario togliere il gesso e cominciare la fisioterapia, così come devono imparare a capire quando smettere con la beneficienza e cominciare con l'assistenza allo sviluppo. È una decisione difficile da prendere che porterà resistenza sia da parte del personale che da parte dei beneficiari.

Il programma deve essere modificato. I professionisti devono progettare e implementare una trasformazione, una sfida di proporzioni eroiche.

Il Continuum non è necessariamente Continuo

Tra i professionisti e i praticanti delle organizzazioni di beneficienza bilaterali e multilaterali, questa trasformazione è chiamata il "continuum."

La parola "continuum" tuttavia può essere fonte di equivoci. Essa implica una continuità o una transizione graduale tra il soccorso di emergenza e l'assistenza allo sviluppo, come un "cambio di marcia" tra la prima e la seconda. In realtà non c'è una continuità naturale, e la gradualità della transizione dipende dalla competenza del personale dell'organizzazione di assistenza. Anche se il cambiamento dovrebbe essere il più graduale possibile e minimizzare traumi e shock, sarebbe più appropriata la metafora del cambio da retromarcia a marcia in avanti.

Praticare beneficienza a seguito di una catastrofe contribuisce alla sopravvivenza immediata, ma causa anche indebolimento. Le vittime, che siano ferite o no, non devono aspettarsi di vivere tutta la vita in un'ambulanza. È facile fare beneficienza (quando le risorse sono disponibili) per il personale di assistenza, ed è facile accettarla per i beneficiari (così come lo è farsi mettere un gesso e prendere gli analgesici). Aiutare i beneficiari a partecipare alla scelta, alla pianificazione e all'ottenimento delle risorse necessarie è invece un lavoro duro, lento e noioso (come la fisioterapia).

<u>Un Approccio Partecipativo</u>

Il compito da realizzare è di trasformare il programma dell'organizzazione e orientare il personale verso un approccio di "rafforzamento" della comunità lasciandosi alle spalle il precedente approccio basato sulla "beneficienza". Questa trasformazione non potrà essere effettuata senza la partecipazione attiva e motivata del personale (nazionale e internazionale) del paese.

Se il personale è scettico e ostenta malcontento, pronosticherà il fallimento e tenterà il sabotaggio perché questo abbia luogo. Se al contrario verrà coinvolto nel processo decisionale e di pianificazione necessario alla trasformazione è più probabile che si sviluppi un senso di responsabilità (che a volte viene detto anche "senso di proprietà") nei confronti del nuovo programma e lavorerà duro per la sua riuscita.

Fare beneficienza può remunerare alcuni membri del personale molto più del loro salario e della soddisfazione di vedere che la gente sopravvive; è una fonte potenziale di obbligazioni personali, di potere e di prestigio (interessi personali). Ciò deve essere riconosciuto e osservato, perché una metodologia di "rafforzamento", in contrasto con l'approccio basato sulla "beneficienza" non offre questo tipo di ricompensa, e ciò spesso costituisce una resistenza alla trasformazione del programma. Tutto ciò può essere contrastato prendendo una serie di misure, dalle raccomandazioni a questo personale fino, in casi estremi, alla rescissione di qualche contratto.

Coinvolgere il personale nel riconoscimento della necessità di una trasformazione, informarlo delle sue implicazioni, prendere decisioni in maniera partecipativa circa i cambiamenti necessari, pianificare (elaborazione di piani di lavoro, descrizione di nuovi compiti, documenti di programma, riorganizzazione del personale), una comprensione solida e empatica e una discussione di tutte le obiezioni sollevate alla proposta di cambiamento, il coinvolgimento del personale nella ricerca di soluzioni ai problemi che ci si attende, tutto ciò contribuirà a minimizzare e a contrastare gli interessi alla resistenza al programma di trasformazione dell'organizzazione e del programma.

Sappiamo che il coinvolgimento di tutti i membri di una comunità beneficiaria nel processo decisionale, di pianificazione e implementazione di un progetto comunitario aiuta a promuoverne la sostenibilità e la trasparenza, ne migliora l'organizzazione e contribuisce alla riuscita del progetto.

I Temi Fondamentali

Quali sono i concetti necessari che il personale deve comprendere per passare da un programma di beneficenza a uno di sviluppo? Revisioneremo adesso le basi del cambiamento sociale, dello sviluppo comunitario e della sostenibilità. Per una lista più esaustiva di argomenti, diverse moduli della nostra formazione sono dedicate ai concetti e ai principi necessari a un programma di supporto allo sviluppo.

La formazione del personale al cambiamento sociale non dovrebbe essere accademica (nel senso di studiare molti testi e impartire molti compiti). Dovrebbe essere basata su solidi principi sociologici e fermamente ancorata a situazioni pratiche e concrete. Essa richiede una comprensione della prospettiva sociologica della natura della società, delle relazioni tra sociale e individuo e del processo di cambiamento.

La discussione sullo sviluppo dovrebbe essere centrata sui principi di rafforzamento della comunità, sulla riduzione/eliminazione (e non alleviamento) della povertà, sullo sviluppo (non sulla beneficenza e sulla dipendenza), e sulla formazione alla gestione adattata alle capacità di sviluppo della comunità. Deve concentrarsi meno sul fornire servizi sociali e più sui metodi di rafforzamento della comunità.

I principi di stabilità sono basati su un approccio di sicurezza, in un contesto post-emergenza, nel quale la metodologia dei soccorsi di emergenza necessita di convertirsi o trasformarsi in una promozione dell'autonomia (senza perdere di vista il bisogno di approvigionamenti o altre questioni relative a un contesto post bellico). Non basta memorizzare la definizione dei concetti chiave, ma è necessaria anche una discussione che presenti svariati soggetti ad essi connessi:

- rafforzamento,
- dipendenza,
- sicurezza,
- sostenibilità,
- autonomia,
- beneficienza,
- società,
- partecipazione,
- gestione,
- comunità,
- etc.

Iniziare un Programma di Trasformazione tramite una Valutazione dei Bisogni

Troppo spesso un'organizzazione di assistenza allo sviluppo comincia la pianificazione con un approccio settoriale: "Abbiamo personale medico e insegnanti, quindi forniremo assistenza sanitaria ed educazione." Con questo approccio la fornitura di risorse è disorganizzata e sbilanciata. L'assistenza è basata sulle necessità dell'organizzazione piuttosto che sulle condizioni della società beneficiaria.

Per pianificare l'assistenza allo sviluppo è necessario basarsi sulle condizioni della società beneficiaria. Questo processo dovrebbe cominciare con una valutazione delle necessità da sviluppare, una valutazione partecipativa nella quale i beneficiari lavorino in collaborazione con l'organizzazione. Questa valutazione dovrebbe determinare che tipo di assistenza contribuirà al mantenimento dell'autonomia, alla riduzione della povertà, all'impegno sociale, a migliorare le condizioni di salute, alla parità dei sessi, al buon governo e ad altri obiettivi di sviluppo identificati congiuntamente.

Cambiamento Sociale

Il cambiamento sociale è un processo sociale e non solamente un processo di cambi individuali. La società e la comunità, anche se composte da individui, non sono individui, non hanno lo stesso comportamento né si sviluppano o si evolvono allo stesso modo.

Il concetto di "superorganico" implica che una comunità o una società trascenda gli individui; l'intero è più grande della somma delle parti. Gli individui vanno e vengono per nascita, morte e migrazione (così gli atomi inorganici vanno e vengono da un organismo vivente), ma la società e la comunità continuano.

Un sistema sociale è composto da comportamenti e credenze acquisiti, modelli di interazione e aspettative. L'unità sociale di trasmissione e riproduzione è il simbolo, non il gene.

Le sei dimensioni sociali sono:

- tecnologia / capitale,
- economia / ricchezza,
- politica / potere,
- società / istituzioni,
- ideologia / valori, e
- credenze / visione del mondo.

Ognuna di queste è connessa alle altre, il cambiamento di una condiziona tutte le altre.

Le società e le comunità cambiano continuamente , niente è costante. Ciò che appare essere una "struttura" in una società o in una comunità è simile alla "struttura" dell'acqua corrente di una fontana; la "stabilità" è più apparente che reale.

In pratica, gli strumenti di cambiamento della società, coordinatori e moderatori, incluse le ONG orientate allo sviluppo e le agenzie governative, non cambiano la società o la comunità, ma sono queste ultime a cambiare i primi. Il massimo che un agente di cambiamento può fare è agire come catalizzatore e forse avere un qualche minimo effetto sulla proporzione e la direzione del cambiamento. Per essere efficaci questi agenti devono prendere coscienza della differenza tra le azioni degli individui in una comunità o in una società e i cambiamenti (in genere verso una maggiore complessità sociale) della comunità o società stesse.

Quando una società cambia attorno a un individuo, l'effetto può essere simile alla migrazione di un individuo in una nuova comunità; il disagio provato dall'individuo (fenomeno di acculturazione) può essere simile a ciò che veniva chiamato "shock culturale." Affinché un'organizzazione funzioni efficacemente in una comunità o in una società in rapido cambiamento è necessario che il suo personale sia in grado di osservare e predire tali cambiamenti e pianificare e cambiare piani conseguentemente.

Sviluppo

"Nessuno può sviluppare una società; la società si sviluppa da sola." Jean-Pèrre Honla

Svilupo non siginifica semplicemente aumento della ricchezza o degli introiti. Sviluppo significa cambiamento e crescita. È un cambiamento sociale di tutte le sei dimensioni sociologiche. Lo sviluppo della comunità, in questo senso, non è fornire servizi sociali, ma i metodi che incoraggino, guidino, e magari influenzino lo sviluppo sociale tali da applicarsi alla comunità.

Quando una ghianda cresce e si sviluppa non diventa semplicemente una ghianda più grande, ma cambia forma, sviluppa nuovi organi, e diventa una quercia. Allo stesso modo una comunità o una società: lo sviluppo è un cambiamento sociale, non semplicemente un aumento di dimensioni.

La direzione più comune di un cambiamento sociale è l'aumento di complessità e di organizzazione, ovvero lo sviluppo. Quando una nuova organizzazione si forma, o quando nuovi ruoli si aggiungono a un'organizzazione esistente, la complessità sociale aumenta.

Un agente di cambiamento può avere obiettivi differenti dalla gente della comunità o della società che sono gli obiettivi del cambiamento o i beneficiari di soccorsi o assistenza. È necessario che l'agente di cambiamento palesi i suoi scopi e i suoi valori (tutti gli essere umani hanno dei valori, nessuna persona o organizzazione può esserne sprovvisto), La negoziazione e la comunicazione sono necessarie affinché l'agente e il gruppo obiettivo capiscano e accettino i valori reciproci.

Un'organizzazione può avere obiettivi generali miranti allo sviluppo quali:

- riduzione della povertà,
- trasparenza,
- equilibrio e uguaglianza tra i sessi e le etnie,
- buon governo,
- democratizzazione,
- pace,
- alfabetizzazione,
- sviluppo delle capacità,
- miglioramento delle condizioni salutari,
- autonomia,
- impegno civico,
- tolleranza sociale,
- l'unità della comunità e del paese,
- rafforzamento della comunità,
- rispetto per i diritti umani,
- rispetto della legge,
- armonia sociale,
- tolleranza religiosa,
- e altri inclusi nel programma e negli obiettivi del progetto.

I beneficiari possono avere valori uguali o simili, ma magari senza dare la stessa enfasi a ognuno di essi. Non possiamo assumere che questi siano valori universalmenti condivisi. È importante, come parte della squadra di costruzione e trasformazione dell'organizzazione (personale e organizzazione), che gli elementi di cambiamento sociale auspicati (ognuno inteso come parte fondamentale del processo di sviluppo) siano identificati, chiarificati e registrati. Lo stesso deve essere fatto con i beneficiari (il gruppo obiettivo).

Senza chiarificazione e comprensione reciproca, i beneficiari e l'organizzazione potrebbero lavorare a obiettivi opposti, sia al loro interno che tra di loro.

Stabilità

Nessuna comunità o società può rimanere immutata; il cambiamento è inevitabile, onnipresente e continuo. A volte, quando il cambiamento è rapido come nel contatto di società radicalmente differenti a causa della guerra, di una migrazione, o di importanti sviluppi politici, può essere violento e traumatico. Il cambiamento non può essere previsto, ma è saggio prepararsi ad esso e trovare il modo di proteggere i membri della società e della comunità dagli effeti più negativi di un cambiamento rapido e violento.

Garantire gli alimenti è solo un aspetto; è necessaria la sicurezza di tutti i requisiti per la sopravvivenza (alloggiamento, salute, sicurezza, predicibilità). La sicurezza della sopravvivenza (approvigionamenti sicuri di cibo, alloggiamenti, etc.) è il maggior contributo alla pace e alla sicurezza in una comunità o società.

In caso di catastrofe (artificiale o naturale) i bisogni immediati sono soddisfatti dai soccorsi di emergenza, che si basano su un modello di "beneficienza" (i beneficiari necessitano assistenza alla sopravvivenza, e i donatori la forniscono). Il maggior inconveniente di questa metodologia è che non è sostenibile una volta terminati gli aiuti dei donatori. Per mantenere la sicurezza sono necessari due fattori:

- bisogna che ci sia la capacità di contribuire all'autonomia, in modo che la comunità vittima possa diventare abbastanza forte da autosostenersi, e
- l'ambiente ecologico deve essere tale da poter sostenere la sopravvivenza della comunità.

Affinché un'organizzazione possa contribuire alla sicurezza di una sopravvivenza autonoma è necessario un "cambio di marcia" radicale da una metodologia di beneficienza (soccorsi di emergenza) a una di sviluppo (rafforzamento della comunità). Questa transizione è nota erroneamente come "continuum", in cui una metodologia di soccorsi di emergenza necessita di essere convertita in una promozione dell'autonomia (senza perdere di vista la necessità di un approvigionamento continuo e sicuro, e altre necessità di sopravvivenza post-belliche).

Per sostenere l'autonomia e promuovere e stimolare un cambiamento sociale verso una maggiore sicurezza di sopravvivenza, un approccio di "rafforzamento" è necessario, nel quale si neutralizzi la sindrome di dipendenza e dove, soprattutto, i beneficiari (il gruppo obiettivo) partecipino nel processo decisionale e di pianificazione del proprio sviluppo.

Lo sviluppo di un'autonomia sostenibile necessita un approccio di rafforzamento della comunità. La semplice beneficienza (ovvero distribuire risorse ai beneficiari) promuove e incoraggia la dipendenza.

Nel momento in cui i beneficiari debbano battersi e sforzarsi per provvedere a se stessi è più probabile che diventino più forti. Per sostenere un processo di aumento della sicurezza di approvigionamenti (e altre necessità di sopravvivenza), e quindi la stabilità è necessario il rafforzamento della comunità e lo sviluppo delle capacità, non la beneficienza che incoraggia la debolezza, la povertà e la dipendenza, e dunque l'instabilità.

Le Quattro Domande Chiave della Gestione

La modifica della formazione alla gestione è una tecnica utile per coinvolgere il personale nella trasformazione del proprio programma e per incoraggiarne il successo sostenibile, così come i metodi di rafforzamento della comunità sono utili per guidare una comunità nel suo sviluppo.

Il cuore di ogni pianificazione e gestione, compresa la produzione di documenti quali piani di lavoro, piani di azione, disegno di progetti e disegno di programmi (e report di progresso e supervisione) è incluso nelle seguenti quattro domande chiave:

1. Cosa vogliamo?
2. Cosa abbiamo?
3. Come possiamo utilizzare ciò che abbiamo per ottenere ciò che vogliamo? e
4. Cosa succederà quando lo otterremo?

La prima domanda si riferisce al contesto, alla definizione del problema e all'identificazione di obiettivi generali e specifici. La seconda è un'analisi della situazione, un'osservazione del potenziale e degli obiettivi e accordi realizzati, dei contributi, degli ostacoli e delle difficoltà.

La terza domanda si riferisce alla descrizione generale e specifica della strategia, dell'agenda, dei cambi organizzativi (per prendere decisioni e per agire) e proposte di assetto. La quarta riguarda non solo una previsione dei risultati e dell'impatto, ma dovrebbe anche indicare la metodologia di supervisione e valutazione del processo durante la sua implementazione.

Quando si coinvolge il personale nella trasformazione di un'organizzazione da un approccio basato sul soccorso di emergenza a uno basato sul rafforzamento della comunità e quando si coinvolge una comunità nel determinare e pianificare il proprio sviluppo, queste quattro domande chiave possono essere usate per facilitare il coinvolgimento.

Mentre l'obiettivo primario dell'organizzazione è di trasformare il suo programma da uno basato sui soccorsi di emergenza a uno basato sull'assistenza allo sviluppo, gli obiettivi individuali del personale è più probabile che riguardino la propria sicurezza di lavoro e le prospettive di carriera, e ciò potrebbe apparire da principio come un conflitto di interessi, speciamente se non espresso e analizzato.

Alcuni membri del personale potrebbero sentirsi minacciati dalla trasformazione proposta (magari temendo che il proprio apporto diventi non necessario). Quando queste questioni sono affrontate in sessioni partecipative del personale (come ad esempio il brainstorming), è più facile trovare soluzioni, che potrebbero essere: riformazione del personale, cambio di approccio e orientamento, e qualche ristrutturazione organizzativa, che può essere dolce, graduale, trasparente e progressiva.

Alcuni potrebbero decidere di non essere preparati ad adattarsi, e cercheranno lavoro da un'altra parte piuttosto che restare e sabotare il processo di trasformazione.

<u>Valutare le Capacità</u>

La capacità (la forza, il potere) è "l'abilità" di fare qualcosa. In questo contesto il "qualcosa" è ciò che i membri dell'organizzazione o dell'intera comunità hanno deciso di fare o realizzare. (Nel contesto di questo esercizio di cambiamento da una squadra di soccorsi di emergenza a una di assistenza allo sviluppo, il "qualcosa" è l'abilità di realizzare questa trasformazione). Nello sviluppo della comunità, il "qualcosa" è l'abilità di una comunità di decidere il proprio destino.

La capacità di sviluppo (rafforzamento) è il processo di aumentare la forza di un'organizzazione o di una comunità. Similmente la misura di questi cambiamenti si effettua meglio con metodi partecipativi.

Si può considerare la capacità come composta da sedici elementi:

- altruismo,
- servizi collettivi,
- comunicazione,
- fiducia,
- contesto,
- informazione,
- intervenzione,
- leadership,
- contatti,
- organizzazione,
- potere,
- valori compartiti,
- attitudini,
- fiducia,
- unità,
- ricchezza.

Quando il personale intero, o l'intera comunità, è coinvolto nella valutazione della forza relativa di ognuno di questi sedici elementi, si può elaborare un utile indice delle capacità (e dei cambiamenti delle capacità). Per ottenere questa implicazione un moderatore deve usare metodi che riescano a far venir fuori osservazioni individuali di tutti i membri del personale e quindi sintetizzarle in una sola valutazione.

Per ottenere una misura delle capacità e dell'aumento, un moderatore ha bisogno di spiegare ogni elemento, e spiegare come ogni partecipante può valutare il livello attuale di capacità e di cambiamento delle capacità in un breve periodo. Come parte di un processo di gruppo il moderatore può combinare tutte le valutazioni per elaborare un indice delle capacità e del cambiamento (che in genere è un aumento).

Misurare le capacità di un'organizzazione è un processo molto simile alla misura del rafforzamento di una comunità. In questo esercizio il compito per i membri partecipanti dell'organizzazione è di misurare la capacità dell'organizzazione locale di trasformarsi assieme al proprio programma da un'organizzazione di soccorsi di emergenza basata sulla beneficienza in una di assistenza alle comunità beneficiarie per raggiungere uno sviluppo sostenibile e autonomo.

Di cosa hanno bisogno il programma e il personale per trasformarsi? Utilizzare le quattro domande chiave della gestione. Quali sono le sue capacità e il suo potenziale di effettuare questa trasformazione?

Ogni Programma è Differente

Una formation comme questa non può predire tutte le caratteristiche di un programma; ogni organizzazione e ogni programma locale ha una sua struttura unica. Tuttavia alcune caratteristiche possono essere pronosticate, e quindi le menzioneremo.

Un buon programma di soccorsi di emergenza si organizza con revisioni frequenti, ad esempio semestrali, nelle quali si condividono le osservazioni e le valutazioni del personale. Se fino adesso non è stato così, è un buon momento per iniziare.

Quando il tema principale è la trasformazione del programma dalla beneficienza all'assistenza allo sviluppo, dovrebbe essere richiesto al personale di enfatizzare i punti di forza, le debolezze, le opportunità e i rischi di questa trasformazione.

È probabile che scoprirete che c'è una preponderanza di personale esperto in cose come il calcolo (la demografia), controllo degli inventari, logistica e distribuzione. Ci sono meno probabilità che ci siano persone esperte nella generazione di introiti, mobilizzazione per l'auto aiuto, formazione alla gestione (a meno che il programma di beneficienza non comprenda un grosso aspetto legato allo sviluppo, che sarebbe una buona cosa, ma poco probabile).

La buona notizia, a cui sicuramente pensa il personale che si senta minacciato dalla trasformazione, è che la maggior parte del personale che ha l'energia, l'intelligenza, la lealtà, e un'attitudine positiva a svolgere un buon programma di beneficienza, avrà anche un buon potenziale per la riqualificazione necessaria per un programma di trasformazione. Ciò che necessita è flessibilità e la volontà di imparare e di essere formati al nuovo approccio. Coloro che non hanno questi attributi (non coloro che non hanno le competenze specifiche) sono quelli che farebbero bene a cercare un nuovo lavoro.

Le competenze e tecniche necessarie si possono trovare in questa formazione. I concetti sono stati menzionati sopra e spiegati dettagliatamente in svariate.

Ciò che è necessario è quindi un processo trasparente e partecipativo per la conversione in un programma di sviluppo, che coinvolga tutto il personale. I manager dell'organizzazione devono usare nel disegnare un nuovo programma un approccio partecipativo che agevoli il processo (e questi metodi si trovano anch'essi nella nostra formazione).

Incrementare le Capacità

Ci sono svariate azioni appropriate che possono contribuire ad incrementare le capacità (il rafforzamento) di un'organizzazione e/o di una comunità.

Un buon inizio potrebbe essere usare gli stessi sedici elementi usati per la valutazione delle capacità e identificare in una sessione di gruppo i più appropriati per la situazione attuale, con quali si otterrà il miglior risultato e quali sono più necessari. Per ognuno di essi una sessione di brainstorming può essere usata come processo partecipativo per generare e selezionare le migliori strategie.

Tra i sedici elementi uno dei più popolari è "l'attitudine". Un approccio partecipativo può essere utile come mezzo per generare un programma di formazione e di acquisizione di attitudini (curriculum). Fare attenzione a che la formazione non diventi fine a se stessa, poiché molti desiderano formarsi per avanzare nella propria carriera senza necessariamente contribuire ad un aumento delle capacità dell'organizzazione. Una formazione informale, alla mano, pratica, non ortodossa, integrata nel lavoro, in cui "fare" è più importante che leggere o ascoltare lezioni, è in genere più utile ed efficace per lo sviluppo delle capacità.

Una strategia utile è identificare una necessità prioritaria (utilizzando una sessione di brainstorming) e facilitare i beneficiari nello scegliere, pianificare e monitorare le proprie azioni (ad es. un progetto o un'operazione). Così o con l'approccio "imparare facendo" descritto sopra, la comunità o l'organizzazione può incrementare le proprie capacità.

Si ricordi che ogni organismo è destinato a indebolirsi se le cose sono troppo facili; e a rafforzarsi quando lotta. Un allenatore sportivo sa che una persona necessita molto esercizio per rafforzare e tonificare i muscoli. Un insegnante sa che un allievo necessita esercizio mentale per allenare la mente. Una comunità o un'organizzazione non si rafforzerà se ogni cosa le viene regalata, ciò accadrà solo se essa compie uno sforzo. Quindi, come possono essere incrementate le capacità di un'organizzazione usando metodi partecipativi in modo tale da renderla capace di trasformare un programma di beneficenza per soccorsi di emergenza in un programma di assistenza allo sviluppo a sostegno di un rafforzamento durevole delle comunità beneficiarie?

Dopo che l'emergenza è finita, esiste una tendenza generale a fornire beneficenza aldilà del periodo per cui essa è giustificata. È probabile che vi sia una resistenza nel cambiare questa situazione da parte del personale non pienamente cosciente del beneficio del cambiamento.

Non solo la beneficenza non è più necessaria, ma può contribuire al mantenimento della povertà e a frenare lo sviluppo. Un'organizzazione di assistenza che ha preso parte ai soccorsi di emergenza e che sceglie di rimanere per la fase successiva del recupero, riabilitazione e sviluppo, non può usare gli stessi metodi del passato, e deve trasformare il suo programma.

I concetti fondamentali per comprendere quali sono i cambiamenti di metodi necessari si possono trovare qui e in altri documenti della nostra formazione. Il personale non deve essere necessariamente rimpiazzato, la maggior parte può essere riqualificata per operare nel nuovo programma, e quasi tutto il materiale di formazione necessario è disponibile in questa formazione.

I cambiamenti necessari all'organizzazione, al suo personale, alla struttura, e ai suoi risultati sono realizzabili se fatti in maniera trasparente e coinvolgendo tutto il personale, e le linee guida si possono trovare tra il materiale di formazione manageriale di questa formazione.